외국인이 다시 놀란
영어천재가 되다

외국인이 다시 놀란 영어천재가 되다

임성룡 지음

KYOWOO CO. Publishing 教友社

외국인이 **다시** 놀란 **영어천재**가 되다

1판 1쇄 인쇄 / 2007년 2월 10일
1판 3쇄 발행 / 2023년 5월 25일

지은이 / 임성룡
펴낸이 / 오판근
펴낸곳 / 교우사
주 소 / 서울특별시 동대문구 제기2동 148-19
출판등록 / 1994년 3월 24일 제6-0256호
전 화 / 02)925-2861(代), 편집부 / 925-2825
팩 스 / 925-2860
e-mail / kyowoo@kyowoo.co.kr
http://www.kyowoo.co.kr

ISBN 978-89-8172-655-3 (03740)

가격 **19,000**원

머리말

필자는 6년 전에 외국어를 학습하는 노하우에 관한 저서 "평범한 직장인이 외국인도 놀란 영어천재가 되다"(도서출판 세기)를 집필한 바 있다. 이 책은 2001년에 출판하였기에 그동안 많은 독자들의 질문과 상담을 해오면서 좀더 보충하여 쓸 필요가 있었다. 그래서 그동안 독자들이 외국어학습을 하면서 보내온 많은 질문과 그 해답을 정리하여 좀더 필요한 내용을 보강한 원고를 추가할 수 있었다. 독자는 대학까지 10년간 영어학습을 하였어도 안 되는 영어회화가 SR외국어학습법으로 5개월 정도나 추가로 1~2개월 정도만 더 하게되면 대학졸업생들보다 더 훌륭한 영어구사자가 될 것이다. 이 책을 충분히 읽어서 실천할 준비를 확실히 한 다음에 학습에 들어가야 한다. 독자가 지금까지 영어에서 실패한 것을, 성공하기 위해서는 제대로 준비하고 제대로 실천하여야 다시 또 10년간 낭비하는 일이 발생하지 않을 것이다. 더 이상 허송하는 일이 있어서는 인생의 경쟁력에 막대한 타격이 되므로 이 조언을 진지하게 실천하시기 바란다.

외국어학습에 관한 기본개념을 제대로 이해하는 것이 매우 중요하다. 외국어능력에서 최상급의 능력은 스피킹 능력에 있다. 물론, 이는 리스닝이 뒤따르는 능력이다. 즉 외국어의 가장 어렵고 최상급의 능력은 일상 회화와 같은 구어의 구사능력에 있는 것이다. 방송으로 말하면 생방송이 가장 어려운 것이다. 녹화방송은 얼마든지 편집이 가능하기 때문에 훨씬 쉬운 것이며 독해나 작문, 문법 등이 바로 녹화방송과 같은 입장에 있다. 독자가 SR외국어학습과정을 마치게 되면 잠꼬대를 외국어로 할 정도가 되므로 현실에 있어서 일상 회화를 듣고 말하는 것이 매우 자유스러워지게 된다. 바로 이것이 최상의 실력이 아니고 무엇인가? 생방송을 제대로 할 수 있는 사람은 녹화방송은 간단하게 숙달될 수 있는 것이다. 재래식 외국어학습은 당장 이해하려고 하고 당장 외우려고 하기에 스트레스가 무척 많은 학습방법이다. 그러나 SR외국어학습법은 이해되거나 말거나 외워지거나 말거나 절대로 후퇴(되돌려 감아 다시 듣는 것)를 하지 않고 그저 앞으로 앞으로 전진만을 한다. 그러면 3단계가 마칠 때에 저절로 이해되고 저절로 외워져서 잠꼬대를 영어로 할 정도가 되는 것이다. 우리 두뇌는 엄청난 외국어 습득능력을 가지고 있다. 잘난 사람이든 못난 사람이든 모두 천재적인 능력을 가지고 태어났지만, 이 능력을 잘못된 방법으로 개발하려고 했기 때문에 쓸데없이 고생만 하고 외국어를 잘난 사람만 하는 줄 알았던 것이다.

필자 자신이 고졸 출신으로 서울대를 비롯한 일류대 출신들로 가득찬 외환은행에서 영어, 불어, 일본어 3개국어를 동시에 구사하고 어려운 외국어 고시마다 합격한 사례는 외환은행 40년 역사에 희귀한 사례로 남아있다. 이는 내가 잘나서나 노력이 특별해서가 아니다. 그저 우직하게 SR외국어학습법을 묵묵히 실천하다보니 저절로 그렇게 된 것이다. 결코 안달하거나 그리 성급하게 실력(?)을 나타내려고 할 필요가 없다. 저절로 이루어지는 것인데 무엇이 문제인가? 독자가 10년 이상 재래식 외국어학습에 중독되어 있던 것을 SR외국어학습법으로 몇 달 씻어내면서 매우 과학적이고 순리적인 외국어학습법에 익숙해져야 돌파구가 생긴다. 새로운 과정에 익숙해짐에 있어서 기존의 중독된 것을 버리고 새로운 것에 익숙해지는 데에는 약간의 어색함이 있으며 불편함도 느껴질 것이다. 그러나, 필자가 경험한 것처럼 영어보다도 2배 이상 어려운 불어도 누가 뭐래도 외환은행에서 자타가 공인하는 실력을 발휘하였다는 엄연한 증거가 존재한다. 필자가 아무런 기초도 없이 세칭 일류대학 불어과를 졸업한 사람들보다 불어 실력이 더 뛰어났던 이유는 오직 SR외국어학습법 외에는 없다.

불어는 문법도 매우 복잡하며 특히 동사변화를 비롯하여 영어보다 2배 이상 많은 일상 용어들, 복잡한 언어구사 방식 등에서 수많은 불어 학습자들이 도중에 좌절하고 중도에 탈락하는 것을 필자는 보아 왔다. SR외국어학습법을 통하여 매일 향상되는 기쁨을 맛보게 되면 결코 중단할 수 없는 에너지를 지속적으로 보충받게 되어 학습이 좌절되는 일은 거의 없다. 내가 불어에서 일상 회화를 익숙하게 하다보니 나머지 문법이니 독해력이니 단어 능력이니 하는 것은 부차적인 문제라는 것을 다시 한 번 확인하게 되었다. 사실, 필자는 불어 회화를 중심으로 SR외국어학습법을 적용하였지만, 나아가다 보니 모빠쌍이나 빅토르 위고 등과 같은 문호들의 문학작품들도 읽을 수 있게 되었다. 회화가 문학작품보다 훨씬 더 어려운 것이다. 그러므로, 어려운 것을 어느 정도 잘 하게 되면 쉬운 것은 아무런 문제가 되지 않는다. 독자는 회화보다 저차원의 독해, 어휘, 문법 등을 쉽게 정복할 수 있다는 것을 실감하게 될 것이다. 독자가 SR외국어학습법을 터득하게 되면 앞으로 외국어학습에서 어떤 외국어라도 정복할 수 있는 능력을 평생 소유하는 기쁨을 누리게 될 것을 확신한다.

저자 임 성 룡

C·O·N·T·E·N·T·S

평범한 사람의 엄청난 발견

Lesson 1

Lesson 1

내가 이 책의 제목을 "외국인이 놀란 영어천재가 되다"라고 지은 사연이 있다. 1991년에 필자는 일본에 직장일로 상당 기간 연수를 다녀온 바가 있다. 난생 처음 비행기를 타본 경험이었고 더욱이 외국에 가는 일도 난생 처음이었다. 그러니, 일본에 업무연수를 받으러 간다는 것이 상당한 "어학적 부담" 속에서 간 것이었다.

01

1991년에 일본에서 연수 기회

일본 나리타 공항에 도착한 것이 오후 6시경이었는데, 그 다음날 저녁에, 약 100명 정도의 일본인이 모인 회합에 참석하게 되었다. 필자는 SR외국어학습법으로 일본어 학습에서 3단계를 마쳤을 뿐만 아니라, 3단계 학습을 추가하여 수십 번 더 연마한 터였다. 솔직히 약간 불안하기도 하였으나 나의 일본어 실력을 테스트할 수 있는 절호의 기회를 맞이하였던 것이다. 그 회합에서 사회자가 하는 말을 나는 알아들을 수 있었다. 사회자가 청중에게 어떤 질문을 하자 나는 손을 들었다. 나를 지명하자, 나는 100명의 참석자들 중에서 큰 소리로 일본어로 대답하였다. 그랬더니, 사회자가 일본어로 "고맙습니다!"라고 말하는 것이 아닌가? 사회자가 내 말을 알아들었으니 그리 말을 했던 것이 분명한 것 같았다. 그래서 더 시험해보기로 하였다. 회합이 끝난 후, 참석자들이 환담하는 시간이 되었다. 나는 마주치는 일본사람들에게 배짱 좋게 빠른 속도로 말해 보았다. 그랬더니, 대화하는 일본인들마다 알아들었는지 그에 대한 대답을 해주는 것이었다. 갈수록 잘 풀리는 것 같았다. 더 양양해진 나는 계속 대화를 이어 나갔다. 그러한 대화를 약 1시간 정도 하였는데, 대화를 나눈 일본인들 누구와도 문제 없이 대화가 진행되었다는 사실이었다. 그런 와중에, 어느 일본인이 나에게 "일본에 몇 번 오셨습니까? 얼마나 오래 거주하셨습니까?"라고 묻는 것이었다. 나는 그에게, 일본어로 "어제 난생 처음으로 일본에 도착하였습니다."라고 대답하였다. 그랬더니, 그 일본인은 믿지 못하겠다는 눈치였다. 일본에 어제 처음 온 사람이 어떻게 "유창하게(?) 일본어를 구사할 수 있느냐?"는 표정이었다. 그래서 나는 한술 더 떠야하겠다고 생각하고 다음과 같이 말했다. "나는 사실 일본어만큼 영어와 프랑스어도 할 수 있습니다."라고 말했던 것이다. 그랬더니, 그 일본인의 표정이 상당히 달라졌다. 그 사람은 나에게 이렇게 말하는 것이었다. "임 선생은 외국어의 천재입니다!"라고 말이다. 영어에 상당히 어려움을 겪고 있는 우리 세대의 일본인들에게는 영어, 프랑스어를 잘 한다는 것은 엄청난 일로 여겨졌던 것 같다. 이 책의 제목이 지어진 사연이 바로 여기에서 나온 것이다. 내가 잘 나서 "영어천재"가 된 것이 아니다. 그 이유는 곧 알게 될 것이다.

02 11년 공백이 있은 후의 일본어

그로부터 11년 후, 나의 일본어 실력이 제대로 유지되고 있는지 확인할 수 있는 기회가 나타났다. 2002년, 나는 일본에서 초우량 기업으로 유명한 '메이난 기계제작소'라는 회사를 방문하게 되었다. 여러 회사에서 기업 경쟁력을 강화하는 교육프로그램인 나의 SR경쟁력프로그램과 관계되기 때문이었다. 일본 나고야에서 약 1시간 정도의 거리에 있는 이 회사는 임직원들이 매주 4시간씩, 학습회의를 40년 이상 지속적으로 해오면서 정신력과 실력이 끊임없이 향상되는 증거를 보여주는 회사였다. 일본이 장기간의 불황에 빠져있던 기간에도 이 회사만은 독야청청 순익을 창출하는 회사였다. 그 원인은 바로 직원들이 끊임없이 학습하여 정신력과 실력이 향상되고 있다는 데 있었다. 제품을 비롯하여 전반적 생산성 향상과 높은 정신자세가 이 회사의 최고 경쟁력을 유지하게 하는 것이었다. 나는 약 1시간 예정으로 방문하여 대표이사인 하세가와 회장을 면담하였다. 대화가 진행되면서, 하세가와 회장은 나의 학습노하우인 SR시스템학습법과 SR외국어학습법의 내용에 관해 깊은 관심을 보여주었다. 약 30분 정도 설명을 해주었는데, 하세가와 회장은 나에게 "임선생, 오늘 저녁식사를 꼭 대접하고 싶은데 시간이 가능합니까?"라고 말하는 것이었다. 한국에서 온 처음 보는 사람에게 저녁식사를 대접하는 것은 일본인으로서 이례적인 것이라고 생각되었으나, 나는 수락하였다. 하세가와 회장과 많은 대화가 이루어졌는데 '기업의 경쟁력, 메이난 기계제작소의 그간의 내력, 학습의 경쟁력 효과, SR시스템학습법, SR외국어학습법' 등에 관해 대화하였다. 그 회사에 도착한 것이 오후 2시였는데 대화가 이어지다 보니 오후 9시까지 7시간이 경과하였던 것이다. 7시간을 일본어로 서로 불편없이 대화할 수 있었다는 것이 나로서는 SR외국어학습법의 효과가 살아있다는 증거로 확신하게 되었다.

메이난 기계제작소를 떠난 다음날, 도쿄에 있는 유명한 연구소인 'PHP연구소'를 방문하였다. 이 연구소는 마쓰시타 그룹의 창설자 마쓰시타 고노스케가 생전에 설립한 연구소이다. 이 연구소의 경영자의 한 사람인 아끼야마 취체역(임원)를 만났다. 이 분과 약 1시간 정도 대화를 나누었는데, 아끼야마 씨가 나에게 다음과 같은 제안을 하는 것이었다. "임 선생, 선생의 말씀을 듣고 보니 선생의 SR경쟁력프로그램를 우리 연구소의 세미나에서 청강하고 싶습니다. 스케줄을 잡아서 강의해줄 수 있겠습니까?"라는 제안이었다. 나는 내가 그와 나눈 일본어 대화가 의미 있는 대화였음을 확인할 수 있었다. 내가 일본어로 강의할 정도임을 그가 인정하였다는 것이 의미 있다는 것이었다. 당시는 일본 비자를 매 방문마다 요구받는 상황이었기에 바쁜 나의 생활에 일본을 그들의 요구한 날에 방문하는 것은 상당히 어려웠다. 그런 이유로 그의 제안을 일단 보류하는 것으로 하였다. SR외국어학습법은 11년이라는 시간의 경과에도 그리 녹슬지 않고 외국어 구사능력을 발휘하게 해준다는 증거였던 것이다. 독자는 이 책에서 모든 사람이 "외국어의 천재"가 될 수 있는 천부적인 능력을 소유하고 있다는 과학적인 증거를 제시받을 것이다. 독자가 SR외국어학습법을 착실하게 실천한다면 조만간 "외국어의 천재"로 변신할 것을 확신해도 된다.

어차피 외국어는 필수 03

내가 직장으로 다녔던 외환은행은 지금은 금융계의 대격변으로 인원도 많이 축소되고 긍지도 저하된 상태에 있지만, 내가 한창 젊을 때인 20여 년 전에는 인원도 많았고 사기도 높았다. 또한, 외국지점 근무에는 여러 가지 좋은 점이 많아 외국에 발령받아 근무하기를 희망하는 직원이 매우 많았다. 그러나 외국으로 발령받으려면 서울대 어학연구소에서 실시하는 소정의 외국어고시에 합격해야만 기본적인 자격이 주어졌다. 국내 근무에서도 외국인들이 창구에 나타나는 일이 자주 있어 어차피 외국어는 필수중의 필수가 되어 있었다. 외환은행 직원들의 기본적인 외국어능력은 비교적 우수하였다. 더욱이 외국어고시에 자발적으로 응시하는 직원들은 시험에 합격하기 위해서 몇 달 전부터 찬찬히 준비하여, 만약 불합격되는 경우의 불명예를 피하고자 나름대로 노력하는 직원들이었다.

그럼에도, 시험 자체가 어려웠던지 불합격하는 사람들이 항상 상당수 있는 경우가 보통이었다. 서울대 어학연구소의 어학고시가 어려운 것도 사실이겠지만, 외국어학습이 분명 호락호락한 과제가 아님은 분명하였다. 은행에 외국인이 들어와서 기웃기웃하며 은행원 누구에겐가 말을 붙여 무슨 용건을 해결하려 하면, 창구에 있던 직원들은 외국어에 자신이 없어서인지 자리를 피하곤 하였다. 일부 좀 용기가 있거나, 해외지점에서 근무하다가 들어 온 직원은 그 외국인을 응대하곤 했지만 보통은 외국인에 대해서 상당히 주눅드는 모습을 보여 주었다.

재래식 방법에 의존한 외국어학습

04

나도 외국어고시를 생각하면서 영어학습을 위해 퇴근 후 학원을 다니랴, 좋은 책들을 구해서 보랴, 영어 테이프를 세트로 구해서 학습하는 등 갖은 노력을 해보았다. 그러나 어떤 방법도 신통하게 실력을 향상시켜 주는 것 같지 않았다. 외환은행에서 영어는 절대적인 실력 평가의 척도이니 만큼 중단할 수는 없었다. 1970년대 후반에 나의 월급은 15만원 정도였었는데, 영어 카세트 플레이어를 15만원 주고 구입한 경우도 있었다. 이것저것 방법은 강구해 보았지만 조금 실력이 느는 것 같다가도 더 이상 실력이 향상되는 것을 느낄 수 없었다. 돈과 시간과 노력을 아무리 투입하여도 성과가 뚜렷이 나오지 않는다는 것은 무척이나 좌절스러운 것이었다. 지금 생각하면 그 상태가 병목현상(BOTTLE-NECK)임을 알 수 있지만, 여하튼 특별히 머리가 좋은 것도 아닌 나로서는 그냥 의욕만 있을 뿐, 하다말다 몇 년을 그런 상태로 지내고 있었다.

05

시지푸스의 운명인가

희랍신화에서 코린트의 왕 시지푸스는 제우스신을 배신한 죄로 형벌을 받는다. 그래서 그는 지옥 타르타로스에서 언덕 위로 큰 바윗돌을 영원히 밀어 올려야 하는 형벌을 받았다. 바윗돌을 겨우 꼭대기 가까이 밀어 올리면 다시 밑으로 굴러 떨어지기 때문에 이 형벌은 영원히 되풀이되어야 했다. 그리하여 '시지푸스의 바위'란 말은 결과가 없는 영원한 노역을 의미하기도 한다. 나도 외국인 앞에서 주눅들지 않기 위해 영어학원에 다니랴, 집에서 미군방송 프로그램을 시청하랴 갖가지 애를 써보았다. 좀 실력이 나아진 듯 하다가 시간이 지나면 전과 마찬가지가 되는 것이 되풀이 되었다. 내 친구들 중에 영어를 잘 하는 친구가 있었다. 그 친구는 몇 년 동안 걸핏하면 방안에 틀어 박혀서 미군방송 프로그램을 시청하며 지냈고, 집 근처에 있는 미군부대에 서성거리며 미군들과 대화할 수 있는 기회를 잡으려고 항상 노력하곤 하였다. 간혹 외국여자를 보면 결사적으로 말을 걸기도 하였다.

시간이 흐르면서 그 친구는 부대 근처에서 미군들을 만나면 꽤 친한 척을 하며 제법 버터냄새 나는 영어를 내뱉곤 하였다. 한 번 영어회화에 자신을 얻은 그 친구는 그 뒤 더욱 실력을 향상시켜 결국 매우 유창한 영어실력을 구사하는 것이었다. 그 후, 그 친구는 영어강사로 진출하여 제법 나름대로 인정받는 학원강사로서 성공하게 되었다. 영어를 잘하는 사람들은 끈질기게 장기간의 노력을 쉬지 않고 하는 악착같은 사람들이라는 것을 알게 된다. 그런데 나와 같이 평범한 직장생활을 하는 사람들은 곤란하다. 직장생활 자체가 바쁘고 퇴근 후에도 영어를 위해 바칠 시간은 많지 않다는 사실이다. 학원강사로 진출한 그 친구는 다른 일은 하지 않고 오직 영어만을 죽자살자하고 했기에 그만큼 했던 것이지 그도 나와 같은 직장생활을 했다면 어떠했을까? 더욱이, 나는 그처럼 악착스럽지 못하다는 치명적 약점을 가지고 있는 평범한 소시민이었던 것이다. 나와 같이 평범한 소시민이 영어를 잘할 수 있는 방법은 없을까?

내 친구 중에 미국으로 가족과 함께 이민 간 친구가 있었는데, 한국에 잠시 들리는 길에 나와 만나게 되었다. 이민간지 4년이 된 그 친구는 자기는 미국사람과 아직도 대화를 못하는데 몇 살밖에 안된 자기 아들놈은 이민간지 6개월도 안되어 말이 유창하더니 부모통역을 하더라는 것이었다. 아버지라는 친구는 대학까지 영어 학습만 해도 10년을 하였는데, 아이들도 몇 달이면 술술 하는 영어를 10년 학습에, 현지에서 또 몇 년을 보낸 친구가 절절매고 있는 것은 잘못되어도 정말 한참 잘못된 일이 아닌가?

06

엄청난 발견

어린이들이 언어를 학습하는 과정은 음미할 만한 어떤 것이 있으리라 느꼈다. 그리고 나의 외국어학습방법을 과감하게 바꾸어 여러 방법을 시도해 본 결과와 다른 자료 등을 근거로 다음과 같은 결론을 얻게 되었다.

- 상당한 수준의 외국어실력을 갖추려면 기존의 재래식 방법은 대부분 실패한다. 즉, 지독한 독종이라는 특이한 끈질김 없이는 실패한다.

- 편하고 자연스럽게 학습하지 못하면 결국 실패한다. 즉, 학습에 학습자의 의지력이 너무 요구되어서는 아니 된다. 학습에 스트레스가 적어야 한다.

- 학습단계마다 학습자가 자기실력이 늘고있음을 느껴야 병목현상을 깰 수 있다. 병목현상만 극복하면 그 이후로는 학습효과가 탄력을 받는다.

▪ 어린이가 언어를 어떻게 자기의 언어로 활용하는지 그 원리를 활용해야 한다. 학습에서 반복이 필수적이며 반복이 쉽게 이루어져야 한다. 또한 집중력이 있어야 한다.

▪ 어느 정도를 더 학습하면 목적지에 도달하는지 분명한 신호가 있어야 한다.

즉, 학습을 계속하더라도 그 목적지가 안 보이면 학습의지가 확 꺾인다.

▪ 학습에 변화가 있어야 한다. 단조로움을 극복할 수 있어야 한다. 학습에 경쾌한 속도가 있어야 한다.

내가 발견하여 시도한 이 학습법은 영어만이 아니라 모든 외국어 학습에 적용된다. 나는 내가 소개하는 이 학습법을 "SR외국어학습법"이라고 명명하고자 한다. 기존의 재래식 외국어학습방법으로는 100명의 도전자 중에 상당한 실력으로 뛰어 올라갈 수 있는 확률이 1명 정도 즉 1%라면, 내가 발견하여 확립한 이 방법은 100명중 90명은 성공하리라 확신한다.

SR외국어학습법이 새로운 희망

Lesson 2

01. 영어만이 아니라 일본어, 불어에도 효과
02. 일반학습에도 효과가
03. 편해야 성공한다

Lesson 2

직장에서 외국어의 중요성을 뼈저리게 느끼게 된 나는 결국 SR외국어학습법을 발견하게 되었다. 그 결과, 나는 직장에서 영어 고시에 응시하게 되었고 우수한 성적을 거두었는데, 그 실력을 꾸준히 향상시켜 갈 수 있게 되었다. 영어에서 생각지도 못한 실적(?)을 올리다 보니 다른 외국어를 도전해 보고 싶은 의욕이 솟아났다. 나는 SR외국어학습법을 사용하여 불어학습에도 상당한 효과를 보았다. 사실, 불어학습을 해보니 불어는 영어보다 2배는 어렵다는 것이 나의 경험이다. 특별한 각오가 없이 도전할 사람은 99.9% 실패할 것임을 감히 예견할 수 있다. 나는 한국외국어대학 통역대학원의 직장인들을 위한 6개월 코스 프랑스어반에서 학습하였는데, 우리 불어반 20여명 중에는 서울대 불문과 출신 등 불어를 전공한 사람들도 있었다. 그들과 같이 재래식으로 학습하면 성적이 중간 정도가 된다는 것도 어려운 기대였다. 그러나, 나의 성적은 당시의 "께르날레겐"교수의 말에 의하면 "최우수"라는 것이었다.

01

영어만이 아니라 일본어, 불어에도 효과

또한, 일본어학습에도 활용해 보았더니 역시 즉각적인 효력을 발휘하였다.

회사의 젊은 직원들과 함께 서울대 어학고시를 응시하였는데 응시직원 중에는 일본에 수개월간 연수를 다녀 온 자타가 인정하는 실력있는 직원도 있었다. 그런데 학습한지 얼마 되지도 않은 내가 1등을 하였고, 분에도 없는 일본연수의 특혜도 누렸다. 나도 놀라는 이 방법은 바빴던 나의 직장생활 때문에 나만의 자기계발에 활용되어 왔을 뿐 일반대중에게 소개할 기회를 가지지 못하였다. 그러다가 2001년에 "평범한 직장인이 외국인도 놀란 영어천재가 되다"라는 제목의 책으로 출간하였다. 몇 년 동안 수많은 독자들의 성원과 학습결과들을 보아왔는데, 이번에 내용을 충분히 보강하여 독자들이 확고한 영어실력을 쉽게 확보할 수 있도록 새롭게 쓴 것이다. "평범한 직장인이 외국인도 놀란 영어천재가 되다"에 나오는 기본적인 내용을 가능한 한 그대로 살리면서 추가로 보강하는 형식으로 썼다.

a moment

외국어를 잘 구사할 수 있다는 것은 경쟁력에서 매우 유리한 고지를 차지할 수 있다. 요즘 택시회사들이 운영난으로 아우성을 치는 형편에 있다고 매스컴을 통해 알려지고 있다. 일본에서 재일교포 실업가가 운영하는 택시회사가 있다. 교토에 본사를 둔 일본의 가장 성공적인 택시회사로 이름난 'MK택시' 라는 회사이다. 이 회사의 유봉식 회장은 직원들을 철저히 교육시켜서 매우 수익성이 좋은 택시회사로 성장시킨 사례로 일본에서도 잘 알려진 분이다. 유봉식 회장은 이 회사 기사들이 영어회화를 제대로 할 수 있도록 교육시켰다고 한다. 이 회사에서 2003년 현재 일상영어회화가 가능한 운전기사가 80명, 영어관광가이드 운전기사가 20명 정도 있다. 이 회사는 자체 영어연수 외에서 매년 몇 명씩 선발하여 영국으로 영어연수를 보내고 있다. 일본의 교토는 오랜 동안 일본의 수도였었기에 일본의 많은 유적들이 이 도시에 몰려 있다. 유적지를 찾는 수많은 외국인들을 고객으로 확보할 수 있는 택시회사는 MK택시가 거의 독보적이다. MK택시의 기사들이 영어회화를 자유롭게 구사할 수 있음으로 인해 더욱 수익성 있는 회사가 되었다는 사실이다.

세계적인 역사학자로 저명하였던 아놀드 토인비는 라틴어와 그리스어, 프랑스어, 독일어, 이탈리아어, 근대 그리스어, 터키어를 구사할 수 있었다고 한다. 그의 생애에서 가장 커다란 지적인 즐거움의 하나는 그리스, 로마 세계 속에 있었고 역사적 지역을 여행하는 것이었다고 한다. 토인비가 외국어에 능통하지 못하였다면 그는 결코 위대한 역사학자로 발전하지 못하였을 것이다.

02 일반학습에도 효과가

더욱이 이 SR외국어학습법은 일반학습에도 응용되어 그 놀라운 효과를 나는 체험을 통해서 확신하게 되었다. 그 일반학습법은 'SR시스템학습법' 이라는 이름으로 2003년 발표하였으며 2006년에 "끊임없는 동기유발과 경쟁력의 원천"(도서출판 교우사)이라는 제목으로 개정하여 출간하였다. 현실적으로 직장에 다니는 사람들이 학습한다는 것은 너무나 많은 제약을 받게 된다. 그러나 이 학습법을 퇴근 후 집에서만 잘 활용하더라도 많은 학습량을 소화할 수 있기 때문에, 자기능력향상을 위한 즐거움을 위해서라도 좋고 나중에 노후의 생활대책으로서 여러 가지 자격고시에 응시하는 데 아주 유용한 학습법으로서 활용할 수 있다. 나는 SR시스템학습법을 활용하여 학습한 결과 학사학위를 무난히 취득하였다. 또한 공인중개사, 공인감정사, 주택관리사 시험에도 합격하였고 세무사 1차시험에 두 번 합격하였다. 이 학습법이 아니었다면 집에서 그 많은 양의 학습내용을 어떻게 여러 번 독파하여 합격할 수 있을 정도의 실력으로 승화시킬 수 있었겠는가? 나의 별로 뛰어나지 않은 머리로서는 엄두를 못내는 학습분량이었으나, 이 학습법을 사용하여 한번 성공하니까 재미도 있고 해서 몇 가지 더 해보게 된 것이었다. 1999년에는 SR시스템학습법을 사용한 결과, 금융감독원에서 실시한 손해보험중개인 자격고시에서도 응시자 1200여 명 중에서 1등으로 합격한 결과도 얻었다. 그것도 20대, 30대의 젊은 층들이 대부분의 응시생이었는데, 이들과 경쟁해서 말이다. 2000년에는 생명보험중개인 국가고시에서 3등으로 합격하였고, 2001년에는 합격률이 9%이었던 금융자산관리사(FP) 자격시험에 합격하였으며 2종 투자상담사 자격시험에도 합격한 바가 있다.

손해보험중개인 자격고시의 수험준비서 총페이지가 약 3,000페이지가 되었는데 이것을 보통의 수험준비 방법으로 한번 독파하려면 어느 정도의 시간이 소요되겠는가? 사실, 수험응시생들 중 이 정도 분량의 페이지를 5번 이상 학습한 사람들도 많지 않으리라 생각한다. 나는 SR시스템학습법을 활용하여 그 보다 훨씬 더 많은 독파회수를 실천할 수 있었고 실력도 비례해서 늘었음은 이미 증명되었다.

03 편해야 성공한다

나의 SR시스템학습법은 아주 편한 마음으로 학습을 해나가기 때문에 학습속도가 빠르다. 한 번을 독파하는데 걸리는 시간이 획기적으로 적어서 재삼재사 다시 독파할 수 있다는 것이 특징이다. 그리고, 외우려고 아둥바둥하거나 외워지지 않는다고 머리에 주름잡지도 않는다. 그저 물 흐르는대로 슬슬슬슬 진행시키다 보면 어느덧 상당한 분량만큼 학습량이 진행되어 있고, 다 독파하면 다시 복습단계로 부드럽게 이행된다. 그러기 때문에 이 과정을 편안하게 나아가다보면 어느덧 뇌 속에는 읽은 내용이 차곡차곡 새겨져서 나도 모르게 실력이 쌓여 있다는 점이다. 이 시스템학습법은 많은 학습량을 효과적으로 이해하고 두뇌 속에 새기는 놀라운 효과를 보여주므로 각종 고시를 준비하는 분들과 학생들은 적절히 활용해 볼 수 있다. 이 책에서는 우선 외국어학습에 SR외국어학습법을 어떻게 활용하느냐에 집중하는 것이 우선 과제이므로 일반학습에 관한 것은 "끊임없는 동기유발과 경쟁력의 원천"(도서출판 교우사)을 참고하기 바란다.

휴~
영어
암기 또
암기

두뇌의 잠재력을 활용하라

Lesson 3

Lesson 3

언어학습이란 우리의 두뇌가 담당하고 있는 것이다. 프랑스 외과의사 폴 브로카(Paul Broca)는 대뇌 피질부의 특정 부분 즉 브로카 영역이 파괴되어 심한 언어문제를 유발하는 경우를 관찰하였는데, 이를 브로카 실어증(Broca aphasia)이라고 한다. 독일의 신경학자 베르니케(Karl Wernicke)는 유창하지만 무의미한 말을 하는 환자들의 두뇌에서 대뇌 피질부 특정 부분 즉 베르니케 영역에 손상을 입은 경우를 관찰하였는데, 이를 베르니케 실어증(Wernicke aphasia)이라고 한다. 언어를 효과적으로 학습하는 것은 두뇌의 언어 학습기능과 두뇌의 잠재능력에 직접적으로 관련되는 것이다.

01

두뇌 자체의 능력

두뇌의 능력에 대해서 생각해 보자. 신경학자 리차드 레스탁 박사는 "우리의 뇌에는 약 1,000억개의 신경세포(뉴런)가 있다"고 한다. 그는 "하나의 신경세포는 6만개 이상의 다른 신경세포와 연결되어 있어 신경세포간에 서로 정보를 흘려보내고 받는다. 신경세포들 사이의 연접부인 시냅스는 우리 뇌속에 약 100조개에 이르는 엄청난 양이 있는데 그 하나하나는 전기 충격파로 전달되는 신호들을 계수하는 작은 계산기 역할을 한다"고 말한다.

프랑스의 신경생물학자인 쟝 피에르 샹죄 박사는 이렇게 말했다.

"인간의 뇌는 거미줄 같이 연결된 신경선 수백억 가닥이 거대하게 결집되어 있는 것과 같은데, 그 안에서 수없이 많은 전기 충격이 일어나며, 때로는 무수한 화학 신호의 배열로 재배치된다. 이 장치의 해부학적 및 화학적 구조는 상상을 초월할 만큼 복잡하다." 학자들은 "컴퓨터가 제아무리 처리 속도가 빠르더라도 단지 한 번에 한 가지 정보만을 다루는 반면, 인간의 신경계는 수백만 가지의 정보를 동시에 처리한다"고 말하고 있고, "인간의 뇌가 무한한 용량을 가진 경이로운 구조로 되어 있기 때문에 외국어를 구사한다든가, 어떤 재능이든지 발전시킴으로써 뇌의 잠재력을 더 잘 사용하려는 의욕을 갖게 되었다"고 부연하고 있다.

'The Human Body' 라는 책에서는 "사람이 새로운 기술을 배울 때, 그는 자신의 신경세포가 새로운 방법으로 접합하도록 훈련시키고 있는 것이다…… 뇌를 사용하면 할수록 뇌는 더욱 효능을 발휘하게 될 것이다"라고 기술하고 있다. 과학자 칼 세이건은 "인간의 뇌가 2,000만권 즉 세계에서 가장 큰 도서관의 장서와 맞먹는 수의 책을 가득 채울만한 정보를 수용할 수 있다"고 말하고 있다.

지금 나는, 독자들에게 무슨 복잡한 생물학 강의를 거창하게 하려고 이상과 같은 과학자들의 의견들을 여기에 소개하고 있는 것이 아니다. 왜, SR외국어학습법이 효과적이고 과학적이냐는 나름대로의 근거를 제시하려는 것이다. SR외국어학습법은 마음을 편하게 하여 아무런 장애나 거부감 없이 그리고 유연하게 정보를 우리의 뇌가 받아들이도록 하는 데에 큰 장점이 있다.

한번 생각해 보라. 학생시절에 하기 싫은 교과목을 재미없게 가르치는 교사의 강의내용을 우리의 뇌가 잘 수용해서 좋은 지식으로 활용할 수 있었는가? 우리의 뇌는 정보를 선택적으로 수용할 능력이 있으며, 힘들여 들어오는 정보, 억지로 주입되는 정보, 받기 싫은 정보, 꼭 기억해야겠다고 안달하며 받아들이는 정보 등 한마디로 자연스럽지 않은 정보는 우리의 두뇌 신경세포에 잘 새겨지지 않는다는 점이다.

SR외국어학습법은 두뇌가 좋아한다? 02

이해를 위해 예를 들어 본다. 독자가 짝사랑하는 김마리아 양의 생년월일, 키, 몸무게, 기타 다른 신체치수는 한번 들으면 절대 잊어버리지 않는다. 그녀를 위해 독자가 어느 시집에서 베껴 간절한 마음으로 자기가 쓴 것인 양 "언제 다시 만나면 내 입으로 안 보고 읊어줘야지…"하면서 품에 지니고 있는 3페이지 분량의 길고 긴 '사랑의 시'는 한 자도 빠트리지 않고 외워진다.

그런데 똑 같은 분량의 별로 좋아하지 않는 국어책에 나온 시를 담임선생님이 외우라고 하면 이상하게 머리에 주름이 잡히는 것 같고 한 달 내내 안달을 해도 외워지지 않을 것이다. 또, 좋아하는 야구선수들의 타율, 홈런 때린 숫자, 금년의 연봉 등도 외우지 말라고 사정해도 외워지는 데는 도리가 없다. 그런데, 담임선생님의 생년월일? 못생긴 이웃집 여학생의 몇 학년 몇 반? 간단한 것들도 매력 없고 관심없는 것은 외워지지 않는 법이다.

그러기 때문에 SR외국어학습법에서 누차 편하게, 외워지든 말든, 이해하든 말든, 세월아 네월아 하면서 진행하는 이유가 여기에 있는 것이다. 즉, 그래야만이 들어오는 정보가 자유롭게 흘러 두뇌의 신경세포에 한 번 새겨지고, 또 새겨지고, 그리고 또 새겨지고 새겨지고 또 새겨지는 사이 그 새겨진 것은 독자도 모르게 깊은 형태로 확고히 독자의 지적 재산으로 승화되는 것이다.

언어를 습득하기 위한 내재적 장치 03

세계적인 언어학자인 노암 촘스키는 "언어를 습득하는 아이는 보편적인 의미에서의 언어를 능동적으로 구성해 낸다"라고 말했다. 즉 언어를 습득하기 위한 내재적 장치를 가지고 태어난다는 것이다. 촘스키는 "우리는 머릿속에 내장되어 있는 다수의 특수한 문법 규칙을 타고 난다"라고 말했다. 그의 이러한 이론을 '언어 생득설'이라고 한다. 언어를 배우고 단어를 습득하는 활동은 복잡한 개념을 어려움 없이 자연스럽게 배울 수 있다는 것을 보여주는 예이다. 노암 촘스키는 "지구상에 5천 개의 언어가 있지만 인류에게 일종의 보편문법이 존재한다"고 말한다. 아이들은 태어날 때부터 가지고 있는 선천적인 프로그램의 실행에 따라 언어를 배운다는 것이다. 요컨대, 우리는 외국어를 학습하는 천부적인 능력을 가지고 있으며 우리 모두가 외국어의 천재가 될 수 있다는 것이다. 다만, 그 방법을 제대로 적용하기만 하면 말이다.

미국의 샤이(Schaie) 교수와 그의 동료들은 21~81세를 대상으로 하여 언어, 공간, 추리 등 세 가지 능력 테스트를 21년간 연구하였다. 그들은 다음의 사실을 발견했다. "언어능력은 53세까지 증가하고 65세경부터 감소한다. 공간능력은 46세에 최고상태에 이르고 65세경부터 감소한다. 추리능력은 60세까지 유지하다가 60세 이후 감소한다."는 것이다. 그러므로 언어능력 즉 외국어를 학습할 수 있는 능력은 53세에 가장 뛰어난 능력을 발휘하는 것이며 그 이후 65세에 이를 때까지 절정의 능력을 발휘하는 시기이다. 우리가 흔히 "10대 혹은 20대에 외국어를 학습하는 능력이 가장 뛰어나다"고 하는 생각은 잘못된 생각이다. 21년간의 연구결과를 통해 충분한 검증이 밝혀진 사실이며, 누구도 이의를 제기하지 못할 정도로 풍부한 증거가 뒷받침되는 사실이다. 그러므로 아직 53세가 되지 않은 분은 외국어학습 능력에서는 아직도 제대로 기량이 발휘되지 않고 있다고 생각하면 된다. 속된 말로 하면 언어능력에 있어서는 "아직 머리에 피가 마르지 않은 상태"인 것이다. 아직도 더 성장해야 하는 나이인데 벌써 노인이 된 양 행세를 해서는 안 된다. 따라서 나이가 들어도 지적 활동을 계속하는 사람들은 뇌의 능력이 더 활발함을 알 수 있다. 나이 먹는 것을 걱정할 필요 없이 SR외국어학습법을 실천하기만 하면 된다.

상식적 고정관념과 실제 외국어 습득능력 04

몇 년 전에 하버드대학의 저명한 언어학 박사인 캐서린 스노 교수가 방한하여 특강을 한 것을 필자도 텔레비전으로 시청하였다. 캐서린 스노 박사는 자기의 연구결과를 소개하면서, "어린이와 성인을 비교해 볼 때에, 흔히 상식적으로 생각하는 것처럼 어린이가 외국어를 빨리 습득하는 것이 아니다. 성인들이 훨씬 더 빨리 외국어를 습득하며 습득한 외국어를 구사하는 능력도 더 오래 간다"라고 말했다. 캐서린 스노 박사는, "어린이가 외견상 빨리 외국어를 습득하는 것처럼 보이는 이유가 있다. 어린이들은 외국어의 습득이 매우 절박한 과제이기에 그처럼 절박한 노력을 하게 된다. 그런데 똑같은 환경에서 어린이와 성인이 외국어를 학습하면 성인들이 훨씬 더 빠르고 우수하게 외국어를 습득한다"라고 말했다. 이는 샤이 교수의 연구결과와도 일치하는 것이다.

인간 뇌의 잠재능력 중 95%는 최근 20년 사이에 밝혀진 것들이다. 지능은 성장하면서 변한다는 사실이다. 버나드 레블린은 연구논문에서 "IQ에 대한 연구결과 유전 인자가 미치는 영향은 48%를 넘지 않으며 52%는 태교와 환경, 교육에 달려 있다"고 밝혔다. 심리학자 하워드 가드너는 적어도 7가지의 측정 가능한 지능을 언급한다. 모스크바 대학의 피요트르 아노크힌은 1968년, "평균적인 두뇌가 만들어낼 수 있는 잠재적인 사고패턴의 최소 숫자가 1 다음에 0을 타자로 1천5십만 킬로미터를 친 숫자임을 나타내는 연구"로 과학계를 뒤흔들어 놓았다. 아노크힌의 연구결과는 "두뇌 능력은 그 용량의 정도를 도저히 상상할 수 없을 정도로 엄청나다"는 것이다. 만약, 평생동안 매일 1천개의 뇌세포를 잃는다고 해도 그 양은 총량의 1%에도 미치지 않으며 그 1%도 우리가 사용하고 있는 뇌세포를 잃는 것이 아니라는 사실이다. 우리는 원래 천재적인 언어능력이 있으며 두뇌 자체가 독자가 천재임을 증명하고 있는 것이다.

정상가는길

학습의 원칙

Lesson 4

01. 스트레스가 없어야
02. 부드러운 반복이 있어야
03. 집중력이 있어야
04. 경쾌한 속도가 있어야
05. 변화가 있어야

Lesson 4

- 스트레스가 없어야
- 부드러운 반복이 있어야
- 집중력이 있어야
- 경쾌한 속도가 있어야
- 변화가 있어야

01 스트레스가 없어야

학습에 스트레스는 독약과 같다. 즉, 학습에 있어 스트레스는 학습을 방해하는 최대의 적이다. 스트레스는 두뇌의 사고능력을 억제한다. 스트레스가 높아지면 사고기능이 정지되고 반사기능이 나타난다. 이는 신체를 방어하는 자동적 메커니즘이다. 그러므로 외국어학습에서 스트레스가 최소화되어야 학습효과가 나타날 뿐만 아니라 지속적인 학습이 가능한 것이다. 독일의 생화학자 프레데릭 베스터는 두뇌의 능력에 대한 심도 있는 연구결과를 발표한 적이 있다. 그의 연구에서 특별히 관심이 가는 것은 스트레스와 학습과의 관계에 관한 것이다. 여기에 그의 연구 발표내용을 약간 언급하고자 한다. 회색 뇌피질의 뇌엽은 사고, 인식, 기억, 조화, 학습 망각이 일어나는 곳이다. 이곳에서는 두뇌의 다차원적인 활동이 일어나며, 신경세포간에 무한히 많은 결합가능성을 가지고 있어 저장, 계산, 입력과 출력 등이 이루어진다. 신경세포간에 연결하는 부분을 시냅스라고 부르는데 이는 개폐기에 해당된다. 이러한 개폐기 즉 시냅스는 자극 시냅스와 억제 시냅스가 존재한다는 사실이 밝혀졌다. 시냅스는 신호전달과 기억정보저장을 맡고 있다. 엄청난 수의 시냅스는 사고하고 기억할 수 있도록 해주며 몇 몇의 '적합한' 사고결합을 통해 특정한 것만을 기억하도록 한다.

장기 저장으로의 입력

수많은 정보들은 두뇌에서 장기 저장되기 위해서는 이 기억이 일단 초단기 기억 그리고 단기 기억의 단계를 거쳐야 한다는 것이다. 즉, 우리의 기억은 초단기 기억을 거치고 그 다음에 단기 기억을 지나 결국 학습된 것은 장기 기억에 저장된다. 단기 기억은 우리가 이러한 잔광을 사진으로 찍어 필름에 담아 두는 것과 같다. 초단기 기억으로부터 단기 기억으로의 이행은 하나의 필터에 해당하며 그 때문에 극히 중요한 기능을 갖는다. 장기간 유지되는 것은 각인되어 저장돼야 한다는 사실이다. 즉, 초단기 기억, 단기 저장, 장기 저장으로의 입력이다. 약 20초 내에 들어온 정보는 저장되면 두 번째 단계 즉 약 20분간 지속되는 단기기억으로 간다. 단기저장은 저장과정을 통해 그 정보를 장기저장으로 전달하는 것이다. 단기 기억과 장기 기억의 두 단계가 따로 따로 존재한다는 사실이다.

스트레스는 신경세포를 방해

무엇보다 스트레스가 있게 되면 신경세포간의 개폐가 방해받아 차단될 수가 있다는 것이다. 우리 스스로 강렬하게 체험하는 것들은 종종 한 번만 입력되어도 항구적으로 저장된다. 보통의 경우는 듣거나 읽는 학습에서는 각각의 새로운 정보를 여러 번 반복해서 수용해야 한다. 예를 들어보기로 한다. 거액의 상금이 걸려 있는 퀴즈이다. 강렬한 조명이 비추고 있다. 수많은 관중이 쳐다보고 있다. 이 퀴즈 참가자는 잔뜩 긴장한 채 문제를 듣는다. 즉 스트레스가 높아진 상태가 되었다. 이러한 스트레스 상황에서는 스트레스 호르몬은 두뇌의 사고회로가 폐쇄시키는 역할을 한다. 그래서 이 참가자는 사고회로가 폐쇄되는 스트레스의 영향으로 저장되어 있던 지식을 재생시키지 못하고 헤매게 되는 것이다.

낯설고, 잘 모를 때 학습을 방해

두뇌에서는 스트레스 메커니즘이 뇌 호르몬에 영향을 미친다. 다시 말해 스트레스가 있으면 전달이 억제되고 그 결과로서 시냅스 장애 즉 사고회로 폐쇄가 일어나는 것이다. 학습에서 스트레스는 독약과 같다. 스트레스가 있으면 사고기능이 방해되어 학습이 제대로 이루어지지 않는 것이다. 두뇌에 '친숙한 정보'는 스트레스가 적어 학습이 제대로 이루어지며 기억작용에 도움이 된다. 새로운 학습내용은 낯선 재료일 때는 스트레스가 높아져 학습이 잘 이루어지지 않는다. 우리가 생존경쟁에서 살아남기 위해서 사고회로 폐쇄는 빠르고 반사적인 신체반응을 위한 것이다. 뭔가 무시무시한 것을 보고 놀라 비명을 지른다. 그러면 두뇌는 즉각 격렬한 두려움과 자동적인 도피행동을 신호한다. 사고회로가 우선 폐쇄된다. 이러한 놀람 즉 스트레스가 지난 후에야 비로소 사고가 다시 가능하게 된다. 사실상 수업시간에도 정보들이 '낯설고' '잘 모르고' '적대적'일 때 학습과 기억을 방해한다. 결과는 아주 놀라운 것이었다. 학교 수업에서 친절하고 자유스런 질문의 경우에 정답은 91%에 달했다. 두려움을 야기하는 질문에서는 정답률이 51%로 떨어졌다. 낯설고 익숙지 않은 표현방식과 억압적인 교사의 질문에는 결과가 41%로 더 나빠졌다. 마지막으로, 연상력이 부족한 추상적인 표현을 통한 질문에는 좌절감이 야기되어 사고회로 폐쇄가 더 강화되었다. 단지 33%만이 올바른 대답을 했다. 요컨대 이 모든 것은 낯선 것에 대해 자연스럽게 발생하는 방어 메커니즘인 것이다. 호기심은 무엇보다도 학습의 기본 원동력이며 낯선 것에 대한 방어를 압도하는 충동인 것이다.

두뇌는 '낯설다, 적대적이다' 는 신호를 얻게 되면 스트레스 호르몬 수위는 증가한다. 그렇게 되면 시냅스의 차단 가능성이 높아진다. 무리하게 애쓰는 중에 사고회로 폐쇄와 좌절만이 더욱 강화되는 것이다. 그러므로 낯설게 함으로써가 아니라, 친숙한 것들로 포장해서 제공하면 이 정보가 뇌에서 잘 처리될 수 있다. 전문 표현들과 같은 어려운 것을 학습할 경우 스트레스가 증가하여 사고회로 폐쇄가 발생하고 연상의 어려움이 증가하게 된다. 스트레스 호르몬 분비가 억제될 때에만 사고와 학습에 대한 연상 가능성들이 충분히 이용될 수 있다. 외국어 문법 학습에서 학습자들은 골머리를 썩는다. 이러한 강압적인 학습재료들은 학습능력을 저하시키는 것이다. 두뇌는 낯선 정보에 대해 스트레스 충격을 일으키고 이로 인해 사고회로 폐쇄가 발생해 학습이 이루어지지 않는다. SR외국어학습에서 왜 "이해되거나 말거나, 외워지거나 말거나 편한 마음으로 앞으로 전진만을 하라"고 하는지 그 이유가 여기에 있는 것이다. 그래야, 스트레스가 적게 되며 학습능력이 높아지기 때문이다.

중학교 수준 영어면 충분하다

영어회화를 비롯한 영어실력을 기르는 것은 매우 중요한 과제이다. 영어의 기초가 너무 약하다면 중학교 수준의 영어책과 테이프를 구하여 한 단계 한 단계씩 조금씩 높은 단계로 진행하는 것이 좋다. 대부분의 경우, 중학교 졸업 정도의 영어실력만 있으면 구체적인 영어회화 공부에는 문제가 없다. 외국어는 어렵게 배우면 스트레스가 많아 성공하기 어렵다. 외국어학습은 단거리 경주가 아니라 장거리 경주이며 확실한 효과를 느끼면서 나아가야만 지속적인 학습이 이루어질 수 있다. 또한, 학습자가 투자가 가능한 "시간"의 여유가 중요한 요소가 된다. 보통의 경우, 시간적 여유가 제한되어 있기 때문에 우선 하나의 외국어를 제대로 익숙할 때까지 집중하는 것이 좋다. 시간이 충분히 확보되어 있는 경우라면 동시에 2개 외국어를 학습하더라도 두뇌의 능력에는 전혀 문제될 것이 없다. 두뇌에서 영어는 한국어의 번역과정을 거쳐 이해하고 흡수하게 된다. 영어를 영어로 직접 이해하고 흡수할 상태가 되려면 상당한 외국어 환경에 익숙해진 다음에야 이루어지는 것이다. 그러므로 순리를 무시하고 억지로 영어학습을 하는 것은 득보다 실이 훨씬 많다. 그리고 한국인이 해설하는 과정이 있게 되면 교재내용에 대한 확신이 되풀이 각인되게 되어 외국어 흡수 정도가 높아지게 된다. 외국어는 어렵게 배우면 안 되며 쉽게 확실히 배워야 한다. 영어로만 된 책으로 학습하는 것은 어려움이 더해지는 것이므로 매우 위험한 학습이다. 더욱이, 쉬운 단어들을 확실하게 구사할 수 있어야 한다.

1,000단어 정도면 훌륭한 영어

영어 어휘는 40만 단어가 넘지만 실제로 영어회화에서 자주 쓰이는 단어는 500단어 정도면 큰 문제없이 영어를 구사할 수 있고, 1,000단어 정도면 훌륭한 영어를 구사할 수 있다. 대부분의 한국인들이 이 적은 500개 단어를 제대로 능숙하게 구사하지 못하고 어려운 어휘를 복잡하게 구사하려고 노력하려다가 도중에 좌절하고 마는 것이다. 전문 단어는 필요에 따라 조금씩만 섞어서 쓰면 되므로 독자는 그러한 실수를 되풀이해서는 안 된다. 미국의 소리 방송(Voice of America)의 뉴스 프로그램 Special English는 사용단어를 1,500단어로 제한하고 있다. 이 정도의 어휘만 사용해도 영어 표현에 지장이 없기 때문이다. 일본의 중학교 영어과정에서는

1,000단어를 습득하도록 '학습지도요령' 에서 정하고 있다. 한국의 경우는 중학교가 약 1,800단어, 고등학교가 약 2,100단어를 기본 어휘수로 정하고 있다. 독자가 대학까지 10년간 영어학습을 하였어도 안 되는 영어회화가 SR외국어학습법으로 5개월 정도나 추가로 1~2개월 정도만 더 실천하면 대학 졸업생들보다 더 훌륭한 영어구사자가 되게 된다. 그러므로 이 책을 충분히 읽어서 실천할 준비를 확실히 한 다음에 학습에 들어가야 한다. 지금까지 10년 동안 영어에서 결과를 내지 못한 것을 내기 위해서는 제대로 준비하고 제대로 실천해야 다시 또 10년간 낭비하는 일이 발생하지 않을 것이다. 필자가 영어를 쉽게 배워야 성공한다고 하는 이유는 바로 이것이다. 그것이 스트레스 없이 학습능력을 높이고 지속적인 학습이 가능하게 하는 원동력이기 때문이다.

어린아이가 한국어 문법공부를 했나?

학습은 고생이나 작업이 아니라 정신력과 실력을 향상시켜 주면서 기쁨을 안겨주는 것이다. 외국어학습이 단지 점수를 위한 것이라면 그것은 매우 잘못된 목표이다. 잘못된 목표를 가지고 학습하는 경우, 성공하기 어렵다. 외국어학습이 실력향상에 도움이 되고 그러한 실력향상을 실감할 때마다 즐거움과 환희를 느끼는 것 때문에 긍정적인 결과로 이어지는 것이다. 점수를 위해서 학습하는 것은 "독극물"과 같은 것임을 누차 강조한다. 어떤 부담감 없이 학습이 자연적으로 지속될 때 결과적으로 점수도 높아지게 되는 것이다. 외국어공부에서 사실 문법은 그리 중요한 것이 아님에도 많은 사람들이 문법을 큰 문제로 삼고 있다. 어린아이들이 한국어를 잘 말하는 데 언제 문법공부를 하고 했나? 이 책에서 추천하는 교재선정기준에 맞는 교재를 가지고 1단계, 2단계, 3단계를 거치면 저절로 문법도 완성되는 데 그리 신경 쓸 일이 아니다. 굳이, 문법공부를 하겠다면 쉬운 문법책을 사서 별도로 공부하면 될 것이다. 필자 자신도 일본어, 불어를 시작할 때에도 문법도 모르는 상태에서 그저 전진을 하다 보니 문법이 저절로 이해되고 적용되었던 경험이 있다. 사실, 영어문법은 중학교에서 대부분 완성된다. 고등학교에서는 약간 정도만 더할 뿐이다. 문법보다 더 중요한 것은 회화이며 이것이 외국어에서 가장 어려운 것이다. 진정한 영어실력을 원하는 분들이 가장 어려운 영어회화를 정복함으로써 그보다 좀 못한 과제인 문법, 독해, 어휘 등을 부수적으로 해결하는 계기를 마련하는 것이다.

Broken English야말로 진정한 미국 언어

스트레스 없이 하는 외국어 학습은 매우 중요하다. 어린이들에게 문법을 가르치면서 외국어를 가르치면 절대로 외국어를 제대로 할 수 없다. 그저 따라만 하게 하면 어느덧 발음도 좋고 문법도 잘 모르면서도 문법에 맞는 외국어를 유창하게 하는 것을 보게 된다. 사실, 영어회화에서 전치사는 발음도 약하게 내며 의미상으로도 전치사의 앞 뒤 단어를 통해서 의미가 전달되기 때문에 전치사는 그저 보조적인 역할밖에 하지 못한다. 그러므로 문장 중에서 나오는 전치사가 들리며 들리는 대로 듣고 말할 때에 그대로 말하면 되는 것이다. 지나친 꼼꼼함, 지나친 정확성을 추구하는 것은 영어회화의 독약이다. 사실, 미국 사람들이 하는 영어회화를 문법적으로 따지면 틀리는 것들이 많다. 그래도 그들은 아무 이상 없이 의사소통을 하며 그러한 것들이 누적되어 속어, 관용어 등이 새로 태어나기도 한다. 사실, 전치사 문제는 시험에서나 따지는 것이며 영어회화에서 특별한 경우 외에는 지장이 없다. 미국의 저명한 역사 저술가인 다니엘 부어스틴은 하버드 대학을 최우수생으로 졸업하였고 예일 대학에서 박사학위를 받았으며, 미국 국회도서관장을 지냈던 사람이다. 다니엘 부어스틴은 "미국 언어의 실용성은 구어체가 나타낸다. 어법에 맞지 않는 영어(Broken English)야말로 진정한 미국의 언어다."라고 말한 바 있다. 참으로, 스트레스가 확 풀리는 말씀이라고 생각된다. 너무 "맞는 영어만을 말하려고 하는 것"은 그 자체가 문제가 있으며 더욱이 스트레스의 원인이 된다. SR외국어학습법은 스트레스 없이 하는 것을 기본으로 한다. 이해하든 말든, 외워지든 말든, 그저 앞으로만 전진하면 저절로 이해되고 저절로 외워져 잠꼬대를 영어로 하게 되니 스트레스가 없으며 참으로 학습의 효과는 저절로 있게 되는 것이다.

부드러운 반복이 있어야 02

학습이론에서 '단순접촉효과' 란 자주 접하면 호감도가 높아지는 현상을 말하는데 빈도가 높은 단어일수록 호감도가 높다는 사실이다. 기계적으로 외우는 것은 퀴즈에서나 유용할 뿐이다. 암기란 지루하게 만든다. 사람은 어떤 정보가 자기와 관련되어 있으면 잘 기억한다. 그러므로 새로운 지식을 개인에게 의미 있는 것으로 만들어야 기억에 도움이 된다. 내용을 자신에게 의미 있는 것으로 만드는 것이 내용을 터득하는 방법이다. 그 지식이 갖고 있는 새로운 특징에 주의를 기울이면 일단 관심이 생기고 생각은 풍요로워지며 사고는 확대된다. 인간은 사물을 인식하고 분류하여 새로운 정보에 마음이 열리면 낯선 존재를 좀더 편안히 받아들인다.

중학 교과서를 500번은 읽어야

일본의 외국어 교육자로 권위를 얻었던 쿠니히로 마사오(1930년생)는 19년간 미국에서 체류하였던 경험이 있었다. 쿠니히로는 대학교수, 방송 강사, 정상회담 통역사로서 명성을 얻었는데, 그는 일본에서 '동시통역의 신' 이라고 알려졌다. 쿠니히로는 "소리내어 반복하는 것이 외국어에 매우 중요하다. 중학교 교과서로 충분하다. 기초 습득이 중요하다. 문법은 필요한 만큼만 필요하다. 기초를 습득하면 겸손해지며 비약하기 위한 첫 걸음이다. 문법을 알더라도 문장을 외울 정도로 읽는 연습을 해야 효과가 있다"라고 말했다. 쿠니히로는 "중학 교과서를 소리내어 500번은 읽어야 한다."라고 주장하였다. 50번이 아니라 500번이라고 그는 말했다. 이는 보통 사람의 경우는 사실상 엄두를 낼 수 없는 반복일 것이다. 그만큼 외국어학습에서 반복은 중요한 것이다. SR외국어학습법에서 1단계, 2단계, 3단계에 걸친 학습과정을 통해서 부드러운 반복학습이 저절로 이루어지는 것은 외국어학습에 절대적으로 중요한 요건을 성취하는 것이다.

슐리만의 독특한 방법

미케네와 트로이 유적을 발견한 독일 고고학자 하인리히 슐리만(1822~1890년)은 18개 외국어를 익혔다고 한다. 원래, 사업가였던 슐리만은 고고학자로서 큰 업적을 남겨 후세에 이름을 남겼는데, 외국어 전문가가 아닌 그가 고고학을 연구하기 위해 18개 외국어를 익힌 것은 사람들에게 놀라움을 주었다. 슐리만은 외국어를 익히는 독특한 방법을 스스로 깨달아 활용하였다. 그는 "뜻을 알고 있는 문장을 반복 낭독하여 암기하였다. 문법지식은 실천을 통해서만 익힐 수 있다. 중요한 것은 문법규칙이 아니라 실제 그 자체이다. 문법은 그리 필요 없다"라고 말했다. 슐리만은 "소리내어 읽는 연습을 아주 많이 하라"고 권한다. 슐리만 방법의 요점은 "뜻을 알고 있는 문장을 몇 번씩이나 낭독해서 암기했다"는 것이다. 즉 뜻을 아는 문장을 여러 번 낭독해서 외우는 것이다. 슐리만은 "내가 배운 그리스어 문법은 단지 명사변화, 규칙동사, 불규칙동사뿐이었다."라고 말했다. 슐리만이 그 많은 외국어를 익힌 기본적인 노하우는 부드럽게 반복하고 또 반복하였다는 사실이다.

매일 반복하여 통달

미국인 배리 파버는 25개 외국어를 유창하게 구사한 사람이다. 파버는 1952년 14개 외국어에 대한 실무인증시험을 치러 자격증을 땄다. 파버는 "외국어는 매일 쉬지 않고 공부해야 한다. 외국인의 말투를 흉내내야 한다. 외국인과 심도있는 대화를 나눌 정도가 되어야 한다. 외국어를 정복하면 문법은 저절로 알게 된다"라고 말했다. 그는 "문법을 알아야만 문법이 잘 따르게 되는 것이 아니다. 언어를 체득하면 문법도 체득하게 된다"라고 말했다. 파버도 매일 쉬지 않고 반복을 통하여 14개 외국어를 통달하게 된 것이었다.

일본의 노구치 유키오(1940년생)는 도쿄대 공학부 졸업하고 캘리포니아대학, 예일대학에서 경제학을 전공하였고 도쿄대학교 교수와 스탠퍼드대학 교수를 지냈던 사람이다. 그는 영어를 잘하는 사람으로 이름이 났다. 노구치는 "가장 효율적인 영어학습법은 실용영어공부라면 녹음테이프를 줄기차게 듣는 것이다. 학생이라면 교과서를 통째로 암기하는 것이다"라고 말했다. 노구치는 "나는 20년간 영어 오디오테이프를 출퇴근시에 들었다"라고 말했는데, 이는 끊임없이 반복하고 반복하는 것이 영어학습에 기본임을 실증한 것이다. 재래식 학습법에 비해 월등하게 반복학습의 회수가 많은 SR 외국어학습법은 지겹지 않으면서도 부드럽게 이루어지기 때문에 성공하는 것이다.

집중력이 있어야 03

프랑스의 장 폴 네리에르는 파리 센트럴학교, 해군경찰을 거쳐 IBM 유럽본부 부사장을 지냈고, IBM USA 마케팅 부사장을 지냈던 사람이다. 국제 업무를 맡고 있던 그는 IBM 유럽본부 부사장을 맡게 되었는데, 프랑스인인 그가 국제 마케팅부의 대표를 맡게 된 것은 이례적인 일이었다. 당시 그에게 영어는 열심히 나름대로 독학을 한 것이 전부였다.

'Basic English'를 집중적으로 학습

놀랍게도, 그는 미국 원어민으로 이루어진 동료들 대부분과 의사소통을 할 수 있게 되었다. 그는 영국의 찰스 오그덴이 1929년에 제안한 'Basic English'를 집중적으로 학습하였다. 오그덴이 제안한 'Basic English'는 오랜 분석을 거쳐 사용하는 어휘 수를 850 단어로 제한한 것이 특징이다. 명사 600개, 형용사 150개, 그 밖의 단어 100개 정도로 이루어져 있다. 학습자가 단시일 내에 습득할 수 있다는 것도 장점으로 꼽힌다. 네리에르는 이 단순한 영어학습 자료를 집중적으로 학습하였고 이것이 의외로 그가 영어를 제대로 할 수 있게 한 원동력이 되었다고 증언하고 있다. SR외국어학습법은 1단계부터 3단계에 이르는 과정에서 절대로 "이해가 안 되었다고, 못 들었다고, 외워지지 않았다고 뒤로 돌아가서 학습하는 일이 없다"는 것이 중요한 원칙이다. 뒤로 돌아갈 수 없다는 것은 독자가 학습에 집중하는 데 매우 도움이 된다. 놓치지 않고 들으려는 의식이 저절로 이루어지는 것이다. 학습에서 집중력은 매우 중요하다. SR외국어학습을 통하여 3단계를 마치게 되면 집중력이 높았다는 증거가 나타난다. 잠꼬대를 영어로 하게 되는 것이다. 잠꼬대는 잠재의식이 깊이 새겨지면 나타나는 현상인데 집중력이 높아진 상태로 SR외국어학습이 이루어지기 때문에 영어로 잠꼬대를 할 정도가 된다. 외국어학습에서 가장 중요한 것은 바로 자신감이다. 자신감이 있으면 자기가 가지고 있는 실력이 제대로 나올 수 있는 반면, 자신감이 부족하면 있는 실력도 꽁꽁 얼어붙어 말 못하는 사람, 듣지 못하는 사람과 같은 처지가 되는 것이다.

경쾌한 속도가 있어야

04

"외국어학습에서 경쾌한 속도가 있어야 한다"는 말은 독자에게 생소할지 모른다. 그러나 중요한 요소이다. 대부분의 재래식 학습자들은 외국어 테이프를 듣다 보면 반드시 이해되지 않는 것들, 외워지지 않는 것들을 만나게 될 것이다. 그럴 때 그들의 반응을 어떠할까? 특별한 분을 제외하고는 카세트 테이프를 뒤로 돌려서 다시 듣는다. 그리고 또 나아가다 보면 그와 같은 상황을 또 만나게 된다. 그러면 또 다시 뒤로 돌아가 다시 듣는다. 뒤로 돌아갈 때 정확한 위치에 맞추느라 쌍심지를 돋우며 열심히(?) 작업을 한다. 그러한 과정이 나아가면 갈수록 이러한 상황은 또 재연되며 또 재연된다. "외국어학습에서 반복이 생명"이라는 명언(?)을 어디에서 들었기에 불평할 엄두도 내지 못하고 그저 미련하게 그 작업을 또 반복하고 또 반복한다. 그러한 과정을 거쳐 테이프 45분짜리를 듣다 보면 45분 만에 끝나는 경우는 절대로 없다. 적어도 그 2배인 90분이 걸린다. 좀 까다롭거나 꼼꼼한 사람은 더 많은 시간이 걸린다.

빠르게하기가 느리게하는 것보다 훨씬 쉽다

음악으로 말하면 "엄청나게 느리게"로 진행되는 것이다. 사람의 심리적 저항선은 대개 어느 한계가 있다. "엄청나게 느리게"로 연주되는 음악을 독자는 감상해 본 적이 있는가? 음악에 대해 유식하며 음악성이 남보다 심오하다(?)고 자부하는 분도 "엄청나게 느리게"로 연주되는 곡을 며칠 동안 반복하여 들을 수 있겠는가? 특별히 인내심이 있거나 도사와 같은 경지에 들어서지 않는 한 그러한 음악을 즐기기는 어렵다. 열정의 천재 음악가 볼프강 아마데우스 모차르트는 1756년에 태어나 1791년에 죽기까지 35세의 나이에 600여 곡을 작곡하였는데 모차르트는 바이올린, 피아노, 오르간의 뛰어난 연주가였다. 모차르트는 그의 아버지 리오폴트 모차르트에게 1778년에 보낸 편지에서, "빠르게 연주하기가 느리게 연주하는 것보다 훨씬 쉽다는 건 다 아는 사실입니다"라고 썼다. 빠르게 연주하는 것이 경쾌하여 흥이 더 나며 느리게 연주하는 것은 꼼꼼함이 요구되어 단조롭고 자칫 권태감이 높아지는 가능성이 높아지기 때문이었던 것으로 보인다.

외국어 학습에서 경쾌한 속도가 중요

가나데 다케오는 오랜 미국 유학생활과 미국의 유수한 공학연구소 소장을 지냈는데 영어에 능통한 사람이다. 다케오는 "외국어 발음을 향상시킬 수 있는 비결은 자기 목소리로 빨리 말하는 연습을 하는 것이다."라고 말했다. 그는 외국어 학습에서 경쾌한 속도를 내는 것이 중요하다는 것을 강조한다. SR외국어학습법은 절대로 뒤로 돌아가서 다시 듣는 일이 없다. 다시 말하면, 테이프를 듣다가 이해가 안 된다거나, 외워지지 않는다거나 또는 깜빡 다른 생각을 하느라고 못 들었거나 관계없이 그냥 앞으로만 나아가는 것이다. 1단계이든, 2단계이든, 3단계이든 마찬가지다. 그러기 때문에 진행하는 속도에 브레이크가 걸리는 일이 없다. 즉 학습속도가 제 속도를 유지하며 경쾌한 행진을 유지하는 것이다. 더욱이, 3단계에 들어서면 놀라운 속도가 이루어진다. 한국인 해설자의 해설이 없는 복습용 테이프로 외국인 스피커가 본문만을 낭독하는 것을 들으며 따라하는 것이다. 3단계에서 독자는 외국인 스피커가 말하는 속도와 같은 속도로 말할 수 있다는 것을 실감하게 된다. 3단계에서는 말하는 속도가 무척 빠르다. 독자가 외국인 스피커와 같은 속도로 영어를 말하는 것을 옆에서 누가 본다면 독자가 미국에서 몇 년 살다가 방금 귀국하여 영어를 자유자재로 하는 사람으로 착각할 정도인 것이다. 독자가 3단계 속도로 일본어를 구사하는 것을 보면 모르는 사람은 독자를 일본 사람으로 착각할 수도 있다. 그만큼 경쾌한 속도로 외국어를 구사한다는 것은 독자에게 큰 자신감을 줄 뿐만 아니라 실제로 외국어 구사능력이 더 향상되는 요인이 된다.

05 변화가 있어야

변화는 단조로움을 방지

학습에서 변화는 단조로움을 방지하여 권태감과 역겨움을 발생하지 않게 하는 중요한 역할을 한다. 변화는 재미를 높여주며 스트레스 감소에도 도움이 된다. 앨렌 랭거 하버드대 심리학과 교수는 "학습내용에서의 변화가 주는 중요한 역할을 인식해야 한다. 학습에서 새로운 변화를 경험할 때 집중력은 발휘된다. 학습은 즐거운 놀이가 되어야 열중할 수 있다. 단순접촉효과가 있는데 이는 빈도가 높은 단어일수록 호감도가 높다는 사실이다. 암기하려 하지 않고 새로운 특징에 주목하면 이해는 깊어지고 생각이 풍요로워지며 사고는 끝없이 확대된다. 이는 창조적 사고의 바탕이다"라고 말했다. 독일의 피아니스트 발터 기제킹은 피아노를 공부하는 학생들에게 "피아노를 떠나 음악을 공부하라. 그러면 연주의 정확함이나 기능을 벗어나 음악성에 집중할 수 있다"고 말했다. 이는 변화가 도움이 된다는 것을 지적한 것이다.

집중을 하려면 변화시켜야 가능

1898년에 심리학자 제임스 윌리엄은 "시선을 집중시킬수록 그 대상은 변화하는 것처럼 보인다"는 사실을 발견했다. 일정한 시간 동안 집중을 하기 위해서는 끝없이 그 대상을 변화시켜야 가능하다는 것이다. 놀 때에는 자연스럽게 새로움을 찾아 집중하기가 쉽다. 주의를 쏟는 대상을 변화시키면 기억이 더욱 선명해 진다는 것이 명백한 사실이다. 주의의 정도를 바꾸면 즐거움은 커지고 마음에 여유가 생긴다. SR외국어학습법은 1단계, 2단계, 3단계로 변화하는 과정으로 되어 있다. 각 단계는 다른 방법으로 학습하며 학습속도도 변화가 있게 된다. 이처럼 변화는 학습에 중요한 요소인데, 변화를 토대로 하고 있는 SR외국어학습법을 실천해 나아가면 어떤 외국어학습법보다도 권태감이나 역겨움이 없이 저절로 유창한 영어 실력자가 되는 것이다.

SR외국어학습법 기본 사항들

Lesson 5

Lesson 5

공부가 재미있다는 사람은 1%에 불과

우리는 너무나 힘들게 영어공부를 해 왔다. 편하게 즐겁게 해도 천재소리를 들을 만큼 영어를 잘 할 수 있는데 괜히 핏대만 올리고 공부해 온 것이 죄이다. 그 결과로 지금도 그 핏대가 우리를 정상에 오르는 길을 완강히 가로 막고 맨날 밑바닥에서 기고 있는 상황이 되어있는 것이다. 서울대의 김원중 교육학 박사는 "서울대생들을 대상으로 조사해 보아도 공부가 재미있다는 사람은 1%에 불과하였다"고 그의 연구결과에서 말한다. "한국에서 가장 학습을 잘하는 사람들, 가장 많은 학습을 할 수 있는 사람들이 서울대생"이라고 하는데, 이들 중 1%만이 학습을 제대로 하는 사람들이라는 것이다. 이는 재래식 학습법으로는 결국 실패한다는 것을 단정하는 엄연한 증거라고 할 수 있다. 더욱이, 김 원중 박사는 "공부는 원래 지겨운 것이고 스트레스가 많이 쌓이는 일이다"라고 말한다. 외국어학습에서도 그 점은 마찬가지로 분명한 일이다.

우리가 6살짜리 아이를 데리고 있는 부모로서 미국에 갔다고 가

정해 본다.

우리의 귀여운 6살짜리 아이를 살펴보자. 아이들은 공부한다는 기색이 전혀 없는 데도 말하는 실력이 하루가 다르게 늘어가고 있다. 그 비결이 무엇일까? 왜 어른들은 공부하려고 이를 악물고 발버둥을 쳐도 되지 않는 영어가 이 아이들은 놀면서도 이렇게 놀라운 효율로 영어를 습득하고 있는 것일까?

여기에는 무슨 분명한 이유가 있을 것이다. 이 이유를 발견하면 나도 이를 악물고, 핏대를 올리고, 무슨 대단한 의지의 인물인 양 매일 같이 다짐과 결심을 반복하며 하기 싫은 영어공부를 악을 쓰듯 발버둥을 치지 않아도 영어를 잘 할 수 있으리라.

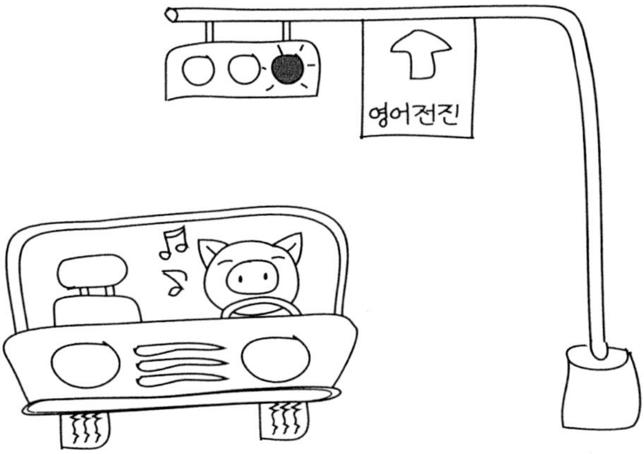

무엇이 고수인가 01

외국어를 잘 한다는 것은 어느 분야에서 두드러질까? 독해? 작문? 회화? 나는 회화가 최상급이고, 작문과 독해는 그 하위라고 말하고 싶다. 왜냐하면, 6살짜리가 언어를 습득할 때 작문이 최우선 과제인가, 독해가 최우선 과제인가? 아니다. 최우선은 듣고 말하기 즉 회화인 것이다. 작문과 독해는 필요한 사전 등이 있으면 조금 시간이 걸리더라도 웬만하면 다 할 수 있다는 것이 나의 경험이다.

그러나 회화는 어떤가? 말하는 상대방이 바로 코 앞에서 말하면서 그 자리에서 빨리 대화할 것을 기다리고 있는데, 사전을 찾아보면서 대화할 수도 없는 것이다. 못 알아들었다고 자꾸만 되묻기도 곤란하고 하여튼 지금 이 자리에서 알아듣고 지금 이 자리에서 말해야만 되는 것이다. 즉, 작문과 독해는 오프라인인데, 회화는 온라인이니까 회화가 한층 어렵고 실력이 더 필요한 것이다. 방송으로 비유하면 작문과 독해는 녹화방송이고, 회화는 생방송이다. 생방송이 녹화방송보다 어렵고 좀더 수준높은 실력이 필요하다는 것은 간단히 알 수 있다.

그러니까, 좀더 고차원인 회화를 정복하면 저차원인 작문과 독해도 쉽게 정복하게 되는 것은 금새 알 수 있는 것이다. 그런데도, 정상에서 아래를 내려다보면서 여유있게 영어를 구사하지 못하고 있다. 왜 우리는 이다지도 미련하게 저차원에 안달복달하며 매달려 밑에서 정상이 보이지 않는다고 헉헉거리며 자포자기하고 있는가? 생각을 달리하고 방법을 달리하면 모든 것이 손쉽게 해결될 것을 사람들은 습관의 올무에서 벗어나지 못하고 오늘도 헉헉거리고 있다.

어른이 아이보다 못한 이유 02

어른들은 문자쓰기를 좋아한다. 어려운 단어를 쓰거나 좀 더 '고상' 한 표현을 해 보임으로써 스스로의 실력과 품위를 상대방에게 보이려는 속된 허영이 자기도 모르게 몸에 배어있는 것이다. 이것은 그 어른의 잘못이라기보다는 세파를 겪으면서 자꾸 때가 묻다보니 자기도 모르게 속세의 때가 덕지덕지 끼어있게 된 것이다. 이것 또한 우리가 영어를 잘 하는 데 막대한 지장요소가 되고 있다.

반대로 생각해 보자. 6살짜리 아이는 자연스럽다. 문자를 쓰려고 머리 굴리지도 않고(일부 엉뚱하신 학부모의 억지교육과 억지요구만 없다면) 더 '고상' 한 표현을 하려고 애쓰지도 않는다. 더욱이 언어에서 남에게 과시하려는 허영이 없다. 그냥 자기가 할 수 있는대로 힘들이지 않고 편하게 말한다. 영어를 6살짜리가 더 잘 할 수밖에 없는 이유 중 한 가지가 바로 여기에 있다.

03 교재선정의 기준은?

우선, 자기수준에 맞는 어학테이프와 교재를 선정한다. 주의할 것은 어학테이프의 발음 즉 스피킹은 반드시 외국인이 하는 것이어야 한다. 한국 사람이 발음하는 단어와 문장은 백 번을, 아니, 천 번을 들어도 결코 도움이 안 되며 그 외국의 본토인의 발음과 스피킹을 듣는 것이 절대적 요소이다. 해설부분은 한국 사람이 하는 것이 좋다. 그 이유는 이 과정을 진행하면서 차차 이해하게 될 것이다. 테이프는 약 30개 정도는 되어야 한다. 몇 개만으로 이루어진 테이프로 공부하면 아주 일부의 상황에만 적용되는 영어회화를 배우게 되며 폭 넓은 상황에 적응하기 어렵다. 그러므로 가능하면 많은 테이프가 있는 교재가 좋다.

가장 중요한 복습용 테이프

교재와 테이프 선정기준으로서 가장 중요한 요건이 있다. 그것은 복습용 테이프가 있어야 한다는 것이다. 보통 본문용 테이프가 30개 정도이면 복습용은 3~4개 정도면 될 것이다. 복습용 테이프란 본문의 내용을 해설자의 해설 없이 외국인 낭독자가 본문만을 낭독하는 것이다. 다시 말하면, 교재가 100과로 이루어져 있는 경우, 외국인 낭독자가 1과를 읽고 끝낸다. 그 다음에 2과를 읽고 끝낸다. 이러한 방식으로 100과까지 매 과마다 외국인 낭독자가 낭독을 하게 되어 있다. 독자는 3단계에 들어서게 되면 복습용 테이프만으로 학습을 하게 되는데 이 3단계가 SR외국어학습법의 '꽃' 이며 '열매' 를 맺는 단계가 된다. 구체적인 교재와 테이프는 위와 같은 요건에 맞는 것이면 어떤 것이든 괜찮다. 사실상, 대부분의 영어교재와 테이프는 서로 어느 정도 참고해서 만들었기 때문에 비슷할 것이다. 그러므로 언급한 교재요건에 맞는지 여부만을 철저히 확인하고 교재(책)를 어느 정도 읽어봐서 자기가 학습하기에 어렵지 않은 것으로 고르면 될 것이다.

결국, 1단계와 2단계를 복습용 테이프를 제외한 테이프 전체를 가지고 적용하여 학습하면 될 것이며, 3단계는 복습용 테이프로 적용하면 된다. 이 책에서 교재선정기준에 자기 실력보다 좀 쉬운 교재를 가지고 시작하라고 한 이유가 있다. 사실, 영어회화라는 것은 어려운 교재, 어려운 단어를 가지고 아무리 고생해봐야 실력 향상에 큰 도움이 되는 것은 아니다. 어린이가 언어를 습득할 때 쉬운 말, 쉬운 문장에서 점차 어려운 단계로 발전하는 것처럼 처음에는 가능하면 쉬운 것을 통해서 확실한 기본실력을 기르는 것이 매우 중요하다. 영어에 서투른 학습자가 한국인의 해설없이 학습하는 것보다 해설이 있는 것이 쉬우며 실제적으로 학습효과가 뛰어나게 되는 것이다.

a moment

필자가 학습할 때는 '민병철 생활영어', '조화유 생활영어' 등이 있어서 무난하게 공부하는 데에 도움이 되었다. 일본어 교재로는 '나가누마 일본어' 등이 있었다. 큰 서점이나 외국어전문점에 가면 요즘도 많은 교재와 테이프가 있으므로 찬찬히 살펴서 선택하면 된다. 단, 몇 개의 테이프만으로 구성된 교재는 매우 비경제적임을 다시 강조한다. 가능하면 풍부한 개수의 테이프로 구성된 교재를 선택해야 제대로 충분히 학습할 수 있을 것이다.

중요한 것은 완벽하게 이해하거나 외우려는 생각 그 자체가 필요 없다. 절대로 완벽하게 하려고 해서는 안 된다. 그러면 스트레스가 생기기 때문이다. SR외국어학습법의 1단계에서 3단계에 걸쳐서 학습을 하는 이유가 바로 이러한 문제 때문에 있는 것이다. 즉, 1회의 학습에 완벽하게 이해하거나 외우려고 하지 말고 그저 편한 마음으로 나아가면 된다. 절대로 1회에 이해하거나 외우려고 해서도 안 되고 그렇게 할 수도 없다. 그러한 과정을 3단계에 걸쳐서 되풀이 하는 중에 저절로 이해되고 외워지는 것이다. 혹시, 그래도 잘 외워지지 않는 것으로 판단되는 상황이 교재에 따라서 있을 수도 있으나 그것은 신경쓰지 않아도 된다. 그래도 아무 지장이 없다. 절대로 테이프를 되돌려서 다시 들으려고 해서는 안 된다는 점을 명심하시기 바란다. 그것은 스트레스의 원인이 되며 스트레스는 학습의 독이 되어 모든 학습을 망친다. 독자는 왜 1단계, 2단계, 3단계 학습이 필요한지 이해하겠는가?

04 스트레스 없이 학습하는 것

SR외국어학습법의 기본 개념은 스트레스 없이 학습하는 것이다. 그래서 이해하려 하지 말고, 외우려고 하지 말라는 것이며 이해하려 하지 않아도 외우려 하지 않아도 어느 단계에 가면 저절로 이해되고 저절로 외워져 실력이 갖춰지는 것이다. 그러함에도 꼼꼼하게 학습하려는 마음은 재래식 학습에서 습관이 된 학습자세 때문이다. 테이프를 좀 정확하게 못 들어도 우리 두뇌는 아무 지장 없이 제대로 지적 활동을 한다. 독자가 걱정하지 않아도 두뇌는 너무나 엄청난 능력이 있으므로 학습에 문제가 되지 않는다. 오히려, 너무 확실하게 테이프를 들으려는 마음, 단번에 이해하고 외우려는 마음이 학습에 방해가 되는 것이다.

SR외국어학습법을 실천하다가 실패를 가장 많이 하는 사람은 학습을 꼼꼼하게 하는 사람들이다. 절대로, 학습을 꼼꼼하게 하지 말라. 그렇게 꼼꼼하게 하지 않아도 우리의 두뇌는 너무나 뛰어나며 완벽한 이해능력과 기억능력이 있다. 그러므로 절대로 이해하거나 외우려고 하지 말고 그저 게임 하듯이 가벼운 마음으로 테이프 들기를 해나가라는 당부를 책에서 되풀이 반복해서 강조하는 것이다. 학습은 스트레스 없이 그저 게임하듯이 즐겁게 지속하게 되면 저절로 이해되고 기억으로 승화되어 엄청난 실력이 쌓이게 되는데 머리에 쥐가 나듯 그처럼 스트레스를 받아가며 악을 쓰듯 학습을 하니 결코 목적지에 도달하지 못하고 도중 하차하게 되는 것이다.

05 부드러운 반복, 그것이 연반추

부드러운 반복, 그것이 연반추이다. 그리고 학습은 작업이 아니라 게임이며 즐거움의 원천이다. 이해되든 말든, 기억되든 말든 그저 정해진 아스팔트길을 편하게 가면 목적지에 도달하며 소기의 성과를 넘치게 얻게 되는데 무엇을 그리 더 욕심내어 스스로 스트레스와 무거운 짐을 지려고 하는가? 제 속도로 죽죽 나아가면 오늘도 내일도 학습할 수 있는 것이다. 그렇게 될 때까지 자신의 기존 학습 방법에서 벗어나 새로운 학습법에 익숙하게 하는데 심리적인 어려움을 극복해야 한다. 그리고 2회째 테이프를 들으면서 이해되면 좋고 외워지면 좋지만 그렇게 되지 않아도 염려할 필요가 없다. 그리고 3회째 테이프를 들으면 1단계가 끝나면서 새로운 자신의 모습을 발견하게 되는 것이니 얼마나 간단한가? 재래식 외국어학습보다 훨씬 더 빠른 것이 SR외국어학습법의 큰 장점이다. 이는 절대로 테이프를 뒤로 돌려서 다시 듣는 일이 없기에 제 속도로 앞으로만 전진하기 때문이다. 일단 3단계에 진입한 이후에는 3단계로만 학습하므로 학습에 걸리는 시간이 대단히 적으며 학습효과는 3단계에서 대부분 이루어지기 때문에 매우 경제적이다. 이해와 암기가 대부분 3단계에서 이루어진다.

1단계는 교재를 보면서 진행하기에 제 속도로 학습이 나아가므로 주의가 집중되는 좋은 효과가 있으며 2단계는 교재를 안 보고 앞으로만 전진하는 단계이며 3단계는 외국인 스피커가 본문을 읽는 것만 듣는 단계로서 초고속단계이므로 더더욱 주의가 매우 집중되고 학습효과는 3단계가 최고로 높아지는 단계이다. 그러기 때문에 SR외국어학습법으로 3단계를 거치는 시간은 재래식으로 학습하는 것보다 더 빠르며 학습효과는 10배 이상 되는 것이다. 3단계에서는 엄청난 속도의 학습이 이루어진다. 독자가 이 학습법에 능숙하게 하게 되면 앞으로 인생의 큰 경쟁력을 갖게 되어 인생을 편하고도 즐겁게 살게 될 것을 보장한다. 3단계는 1단계에서 3회의 부드러운 반복학습에 기초를 쌓고 2단계에서 7회에 걸쳐 확실한 다지기를 한 교재와 테이프를 기반으로 외국인 스피커가 본문을 낭독하는 것을 듣는 과정이다. 이 3단계에서 외국인 스피커가 낭독하는 본문의 첫 단어만 들더라도 독자는 저절로 같이 보조를 맞추어 따라갈 수 있을 정도로 실력이 높아져 있다는 것을 실감할 것이다. SR외국어학습법은 단순히 외우는 것이 아니다. 특히 3단계에서 이 학습법의 효과가 나타난다. 이러한 과정에서 학습교재를 이해하고 암기하게 되면서 깊은 학습효과가 이루어지는 것이다. 독자는 매일 조금씩이라도 학습해야 함을 명심해야 한다. 매일 매일의 학습이 매우 중요하다.

06

진행 중에 정지되는 일이 없어야

SR외국어학습법을 실천하는 경우, 테이프가 진행 중에 정지되는 일이 없어야 한다. 1단계는 책을 보면서(자가 운전시에는 사무실이나 집에서 책을 별도로 보면 됨) 테이프를 듣기만 하면 되며, 2단계는 책을 안 보고 테이프를 따라 들으면 된다. 제대로 따라갈 수 있든 아니든 그냥 전진하라는 것이다. 잘 따라 하는 분도 있고 좀 못하는 분도 있겠지만, 그냥 전진만을 하면 된다. 이러한 상황들이 있기에 2단계는 7번의 반복 과정이 마련되어 있는 것이며 3단계는 더 놀라운 학습효과가 이루어지게 되어 있다.

2단계부터는 외국인 스피킹을 반드시 따라해야 한다. 3단계에 들어서야 거의 동시상영하듯 따라 할 수 있게 되는 것이며 2단계까지는 약간의 긴장감을 느끼면서 따라가는 것이 보통이다. SR외국어학습법은 단순히 이론이 아니다. 실제로 수많은 독자들이 효과를 보고 있으며 나 자신도 이러한 방법만이 유일한 외국어의 지름길임을 체험하였기에 그러한 구체적인 단계별 실천사항을 제시한 것이다. 학습은 인내와 끈기로 하는 것이 아니다. 그저 자신의 욕심을 비우고 세월아 네월아 하면서 제대로 된 길을 편한 마음으로 걸어가기만 하면 되는데 좀더 잘 해보려고 애를 쓰니 안 되는 것이다. 하루라도 학습을 하지 않는 경우는 다음 날 하루 종일 밥을 먹지 않는 스스로의 법을 만들어 실천하면 학습은 틀림없이 이루어진다. 필자는 하루라도 학습하지 않는 경우는 다음날 세끼 밥을 굶는다. 지난 수년간 한 번도 굶은 날이 없었음을 볼 때 나는 하루도 학습하지 않고 지나친 날이 없었던 것이다. 학습은 인생에서 결정적인 경쟁력의 원동력인데 그저 "해도 좋고 말아도 좋고" 라는 것은 절대로 안 되는 것이다. 다만, 스트레스 없이 게임을 하듯 재미삼아 학습하는 것이 중요하다. 그저 매일 재미삼아 거르지 않고 한다는 것이 가장 중요한 것이다.

SR외국어학습법 1단계

Lesson 6

Lesson 6

SR 1단계 실천 요령

첫째, 자기 수준보다 약간 쉬운 교재 세트(교재와 테이프)를 선정한다.

둘째, 교재를 보면서 처음 테이프부터 마지막 테이프까지 듣는다.

(자가운전시는 교재를 볼 수 없으니, 교재를 지참하여 모르는 곳만 나중에 잠깐 보면 된다.)

셋째, 휴일날도 적어도 테이프 한 개 이상은 꼭 듣는다.

넷째, 이해되든 말든, 잘 들리든 말든, 외워지든 말든, 앞으로만 가야한다.

다섯째, 1단계는 외국인의 스피킹을 따라하지 않고 듣기만 한다.

여섯째, 테이프 전체를 듣기를 세 번 반복하면 1단계를 통과한다.

1단계는 교재를 보면서 테이프를 편하게 전체를 다 들어본다.

"편하게"라고? 그렇다. 정말 편하게 들어야 한다. 듣는 도중에 모르는 말이 나온다고 중단하고 사전을 찾아본다든지, 잘 안 들린다고 테이프를 거꾸로 돌려서 다시 듣는다든지 하는 "잔꾀"를 절대로 내지 말라. 즉, 몰라도 알아도 그냥 놔두고 계속 "전우의 시체"를 넘고 넘어 앞으로만 진격하라는 것이다.

자가운전을 하면서 출퇴근시에 카오디오로 테이프를 들으시는 분들은 교재를 안보고 그냥 듣기만 해도 된다. 나중에 잠깐 보면 되니까요.

성격상 강박관념의 증상이 있으신 분 즉 외출할 때 가스차단기를 제대로 잠갔는지 3번 이상 확인하시는 분, 대문을 제대로 잠갔는지 3번 이상 확인해야만 거리를 나설 수 있는 너무나 꼼꼼하신 분들은 연필로 교재에 잘 모르는 부분에 그냥 살짝 표시하는 것만은 해도 좋다. 하지만 그 이상의 노력은 절대로 해서는 안 된다. 왜냐구? 힘들게 노력하면 결코 영어를 정복할 수가 없다니까!

벌써 절반? 01

자, 이제 전체를 한번 다 "밟아"보셨나요? 이제 독자는 영어정복의 큰 걸음을 걸은 것이고 이미 갈 길의 절반을 돌파하였다. 아니 벌써? 그렇다. 내가 분명히 확인해드리는 보증서를 발급해드리겠사오니 안심하시고 다음으로 넘어가기 바란다. 한번 다 "밟아"보는 데 독자에 따라서 그 진행속도가 각각 다를 것이다. 직장인은 출퇴근시에 테이프 2~3개, 집에 와서 1개 더 추가하면 도합 3~4개가 하루의 진도가 될 것이고 다른 분들은 사정에 따라서 좀 더 많거나 적거나 할 것이다.

a moment

'시작이 반'이라는 말이 여기에도 적용된다. 심리적으로 처음 한 번을 다 들어본다는 것은 매우 의미있는 자신감을 독자에게 주는 것임을 명심하기 바란다. 이미 독자의 두뇌 속에는 한 번 들은 내용이 한 줄로 새겨지기 시작하였다. SR외국어학습법은 절대로 학습을 어렵게 하거나, 힘들여 하거나, 안달하려 하지 않는다. 이해되든 말든, 외워지든 말든, 세월아 네월아 하면서 한없이 편하게 부담없이 하는 데에 그 엄청난 잠재력이 있음을 이 과정을 진행하면서 독자들은 결국 알게 될 것이다. 하여튼, 첫 사랑에 실패한 사람은 두 번째 사랑도 불안해하면서 정을 쏟아줄 수 없어 아름다운 사랑으로 승화시키는 데 어려움이 있다. 1단계의 첫 번째 테이프 듣기를 무조건 성공하는 것만이 앞으로의 창창한 대로를 독자에게 약속해 줄 것이다. 그러므로 정말 까다롭거나 꼼꼼하게 학습하려 하지 말고 그저 편하게 들리는 대로만 거침없이 진행하도록 놔두어야 한다. 잘 안 들렸다고 다시 듣는다든지, 좀더 확실히 들어야겠다고 다시 듣거나 하는 일은 절대로 해서는 안 된다. 못 들었어도 안 들었어도 다음에 몇 번이고 또 들을 기회가 마련되어 있으므로 그냥 넘어가라!

휴일날은 밥 안 먹나요?

02

그런데 여기서 중요한 것은 매일 하루에 테이프 1개 이상은 반드시 들어야 한다. 휴일날도 마찬가지이다. 우리의 귀여운 6살짜리를 다시 생각해 보자.

이 귀염둥이가 듣지 않고 말하지 않고 지내는 날이 일주일에 며칠이 되는가? 하루도 없다. 휴일날은? 언어학습에는 결코 휴일이 없다. 우리가 밥먹는 것을 "일"하는 것으로 느끼며 산다면 얼마나 지겨울 것인가? 다행스럽게도 먹고 마시는 것은 결코 "일"이 아니고 즐겁고 편한 것이라고 우리는 느끼고 있다. 그러기 때문에 사시사철 하루도 먹지 않는 휴일이 없어도 귀찮거나 싫증나거나 하는 일이 없다.

독자가 자진적으로 참여하는 "영어 천재가 되는 길"은 "힘들여" 하는 일도 아니고 외우려고 골때리며 닥달하는 길도 아니다. 그저 즐기듯 편안하게 매일매일 하는 것이므로 이 세상이 평일이든 휴일이든 우리는 그저 밥을 즐겨먹듯이 매일(휴일도 밥 먹어야) 편안하게 이 길을 가기만 하면 되는 것이다.

또 하나! 독자가 한번 "밟은"코스의 내용이 기억나지 않거나, 잘 모르겠거나, 확실한 실력이 붙었는지 의심스럽거나 어떻든 전혀 개의해서는 절대로 안 된다. 특히 "똑똑하신" 분들이 여기서 결정적인 과오를 범하면서 장래를 망치는 일이 허다하다. 절대로! 절대로, 뒤를 돌아보지 말아야한다. 뒤를 돌아보는 독자는 소돔과 고모라가 멸망될 때 소금기둥이 된 그 비극이 기다리고 있다.

두 번째를 시작한다 03

자, 우리는 아직도 1단계에서 "놀고"있는 중이다. 다시 한번 처음에 하던 길을 다시 해본다. 즉, 두 번째로 교재를 보면서 1번 테이프를 시작으로 하여 마지막 테이프까지 편안하게 진행시켜 간다. 마찬가지로 차 안에서 테이프를 들으시는 분은 교재를 보지 않고 듣기만 하면서 계속 나아간다.

이제 두 번째 듣는 것이므로 처음에 들을 때보다 조금 잘 들린다고 느끼시는 분, 이해가 좀 더 잘 된다고 하는 분도 있으리라. 아니면, 별로 발전이 없다고 느끼는 분도 있을 수 있다. 여하튼, 아무 상관없는 일이다. 이미 독자는 성공의 반을 건너 왔다고 내가 보증하고 있다. 실력이 늘었다고 느끼는 사람이나 아니라고 느끼는 사람이나 내 말대로만 그대로 진행하면 모두 "영어정복자" 아니 "영어천재"의 길로 들어설 것이다. 여기서 절대로 중요한 것은, "잔꾀"를 부려 이 성공의 편한 길로 가지 않고 다른 길로 접어드는 불쌍한 염소가 되는 않는 것이다.

독자들 중 대부분은 이미 “불쌍한 염소”의 길에서 헤매었던 경험을 하신 분들이므로 명심하시기 바란다. 이제, 이런두런 이야기를 하다보니 테이프 전체를 두 번째로 다 “밟으신” 분들이 보이기 시작한다. 정말 잘 하였다. 두 번째 테이프를 다 “밟는 놀이”도 편하게 그리고 즐겁게만 하였다면 탄탄히 성공의 길을 가고 있는 것이다.

핏대는 독약이다

04

만약 두 번째 테이프를 "밟는 놀이"가 혹시 편하지 않다던가, 힘들었다고 느끼시는 분들은 절대로 안 된다. 왜 아직도 목에 핏대를 올리고 계시나이까? 왜 아직도 머리에 주름을 잡으시며 스스로를 학대하고 계시오니이까? 미련하신 대중이시여! 6살짜리를 다시 한 번 생각해 주시기 바란다. 우리의 귀염둥이는 핏대 올리기, 머리에 주름잡기로 온몸이 쑤시거나 골치를 썩이는 일이 절대 없다. 이 귀염둥이가 안달하는 것은 내일 해가 빨리 떠서 오늘처럼 재미있는 놀이를 좀더 많이 하고 싶은 마음뿐이다. 그런데도 이 귀염둥이는 분명히 언어실력이 계속 늘어가고 있다는 엄연한 사실이다. 우리는 아직도 1단계에서 놀이를 하고 있음을 상기하기 바란다. 이제 오늘은 중요한 거보를 내딛는 날이다.

a moment

기존의 재래식 방법으로 학습하는 사람들은 보통 두 번째 들을 때는 상당히 이해하고 외워지기를 기대하면서 학습하기 때문에 우선 마음이 긴장된다. 그리고 무엇인가 머리속에 분명히 새겨져서 두 번의 학습의 열매가 좀 보기

좋게 보여지기를 은연중 바라게 된다. 그러기 때문에 머리가 가뿐하지 못하고 목덜미도 긴장된다. 머리와 마음이 모두 무거워서 숨이 벌써 약간씩 힘들다. 그러나 SR외국어학습법에 참여하는 독자는 어떠한가? 아직도 전혀 무리가 없다. 외국인이 말하는 것을 따라 하지 않고 그저 듣고만 있다. 들리는 대로, 이해되는 대로, 그냥 그대로 앞으로 앞으로 뒤를 돌아보지 않고 편하게 나아가기만 할 뿐이다. 그래도 독자의 머리속에는 두 번째 듣는 테이프의 내용이 알게 모르게 새겨지고 있다는 엄연한 사실이다. 아무런 걱정일랑 하지 말고 그저 담담히 들으면서 앞으로만 나아가라!

오늘은 중요한 날 05

처음 테이프를 듣기 시작할 때와 같이, 그리고 두 번째 듣기 시작할 때와 "똑같이" 교재를 보면서(차운전 중인 분은 교재를 나중에 본다) 테이프를 세 번째 듣기 시작한다. 기존의 재래식으로 영어학습을 시작하는 사람 100명중에서 이 1단계의 세 번째 테이프 듣기를 완수하는 사람은 10명에 불과한 것으로 알려지고 있다. 왜 그럴까?

우리 프로그램에 참여하고 있는 독자들은 지금까지 힘들거나 골때리거나 안달하는 일이 없었다. 외워지지 않는다고, 잘 모른다고, 외국인 스피커가 하는 말을 따라 할 수 없어서 고민해야 하는 이유도 없었다. 그러므로 지금 이 세 번째로 테이프 듣기까지 탈락하는 사람은 아마도 급한 열병에 걸려 긴급히 입원한 환자 외에는 없었으리라. 그 환자분도 열만 내리면 차분하게, 그리고 편안하게 다시 따라 하면 되므로 엄밀하게 탈락자는 아니다.

06

보아도 깨닫지 못하는 사람들

좀 유식하다고 하는 혹자는 말한다. “이 프로그램은 누구나 아는 것으로서 뭐 특별한 것이 없지 않느냐?”고. 이런 말을 하는 분은 뭐 특별한 게 꼭 있어서 머리에 갑자기 쥐가 나는 현상이 발생한다던지 카퍼필드의 마술현상 같은 것만을 봐야만 특별하다고 생각하는 참으로 꽉 막힌 사람이다. 답답하다. 아직도 이 엄청난 진실된 결과를 보면서도 그런 무책임한 말을 하고 있으니...

기존의 재래식으로 영어를 똑같은 교재와 똑같은 테이프 세트로 시작하면 100명중에 90명은 1단계를 마치기 전에 도중하차하고 오로지 “독하신 분”들 10명만이 겨우 살아남았다는 엄연한 현실을 우리는 경험해 왔다. 그러나 이 프로그램에 참가한 우리 독자들은 열병에 걸린 가엾은 분 빼고 전원 살아남았다는 엄청난 현실을! 더욱이 살아남은 우리 독자들은 “독하신 분”들이 아니라 그저 평범한 분들이라는 것을 알아야 한다.

적은 차이가 천재와 둔재로 07

천재와 둔재로 갈리는 것은 아주 적은 차이에서 비롯된다는 것을 엄숙히 기억해 주기 바란다. 나의 사랑하는 독자시여! 그대가 세 번째 테이프 듣기를 마치면 이제 성공의 길을 60% 돌파한다는 엄청난 낭보가 기다리고 있음을 확신하라. 세 번째 테이프 듣기도 이해가 가든 안 가든, 외워지든 말든, 외국인이 하는 스피킹을 입 속으로 따라갈 수 있건 아니건, 아무 상관할 바 없이 이제 엄숙히 마치게 된다.

왜 나는 "엄숙히" 마친다고 선언하는가? 세 번째 테이프 듣기를 마친 독자의 두뇌에는 테이프의 내용이 3중으로 새겨져 있으며 앞으로 도약할 수 있는 실력이 알던 모르던 확고히 심어져 있기 때문이다. 그리고 사실상 아무 걱정이나 조바심이나 안달이나 좌절이나 욕심도 없이 그저 편하게 또 편하게만 따라 왔다. 그럼에도 독자의 말랑말랑한 두뇌신경에 테이프 내용이 장애물없이 심겨져 테이프의 엄청난 정보가 아주 잘 보존되어 있고, 99%의 독자는 테이프내용을 이해하고 있고 어느 정도 외우게 된 상태이다. 지금까지 독자는 테이프에서 들리는 본토 외국인의 스피킹을 듣기만 하였지 함께 따라서 말하지는 않았다. 이 점도 이 프로그램의 특징 중 하나이다.

a moment

지금까지 독자는 교재를 보면서(운전하는 사람은 교재를 안 보고 듣되, 차에서 내리면 적당한 장소에서 들은 내용을 교재에서 확인하여 읽어야 한다.) 그저 듣기만 해 왔다. "왜 외국인이 말하는 것은 지금까지 따라서 말하지 않고 그저 말 못하는 사람처럼 듣고만 왔단 말이냐? 말도 같이 하면서 동시상영하듯 했으면 좀더 효과가 배가되었을 것 아니냐?" 이는 아마 어떤 유식한 체 하는 분의 힐난성 질문일 것이다. 물론 일리는 있는 말이다. 그러나 좀더 큰 것을 얻고자 그러하였다는 것을 아직 모르고 있는 분이다. SR외국어학습법은 참여자가 목적지까지 컨디션을 최상으로 유지해 가면서 성공적인 행진을 중단하지 않고 꾸준히 할 수 있게 하는 데에 그 위대함이 있음을 기억해야 한다. 기존의 재래식 학습법으로 영어를 학습해 온 사람들은 이 세 번째 테이프 듣기를 마칠 때에는 대다수가 이미 기진맥진해져 있다. 100명 중에 90명은 행진에서 탈락하고, 나머지 10명도 심신이 이미 고달픈 상태에 있다. 그래서 재래식 학습자들은 이 지긋지긋한 영어학습이 언제 끝날 것인지 빨리 끝나기만을 학수고대한다. 겨우 생존한 10명도 언제 탈락할 지 모르는 극도의 심신피로상태에 와 있다.

그러나 SR외국어학습자들의 참여자들은?

지금까지 이해되든 말든, 들리든 말든, 외워지든 말든, 그저 듣기만을 하면서 편하게 앞으로만 나아왔다. 즉, 어떠한 강박관념이나 심신에 무리를 주는 어떤 부담이 없이 나아왔다. 그러했기 때문에 숨이 가쁜 일도 없고 그저 담담하게 성공적으로 지금까지 나아왔다. 힘이 들어 탈락한 사람은 아무도 없다는 사실이다!

마라톤의 영웅 황영조 선수가 왜 우승하였을까?

연습을 열심히 했기 때문에? 맞는 말이다. 마지막 스퍼트를 적절한 지점에서 잘했고, 강한 그의 정신력이 마지막 골인지점까지 그를 버티게 하였기 때문에? 맞는 말이다. 그러면 한국의 다른 마라토너들은 황영조 선수만큼 연습을 열심히 안 했는가? 아니다. 그들은 마지막 스퍼트를 적절한 지점에서 하지 못했는가? 아니다. 그들은 황영조만큼 강한 정신력으로 무장되어 있지 않았기 때문에 뒤떨어졌는가? 아니다. 다른 마라토너들도 열심히 연습했고, 스퍼트를 했고, 강한 정신력을 가지고 있었다. 어느 신문에서는 황영조 선수의 넉넉한 폐활량이 승리의 원인이라고 지적하였다. 즉 황영조 선수의 폐활량이 다른 선수들보다 몇 10% 정도 컸다. 그래서 결정적인 스퍼트에서 레이스를 뒷받침할 만한 넉넉한 폐활량이 그를 승리로 이끄는 결정적인 에너지로 작용하였다는 것이다.

한참 SR외국어학습 중에 웬 마라톤 이야기냐고?

그렇다. 외국어학습은 몇 주간의 단기가 아니고 최소한 몇 달을 집중해야 하는 장기 레이스이기 때문에 마라톤 경기에 비유할 수 있다. SR외국어학습법은 결승점까지 편하게 효과적이고 성공적으로 골인할 수 있게 독자의 폐활량이 기존 학습자들보다 훨씬 크게 되도록 프로그램되어 있다. 골인지점에 도달할 때까지 결코 기진맥진해지는 일이 없도록 확실히 프로그램되어 있음을 상기하라.

주의!

SR외국어학습법은 단순한 듯 하지만 각 진도마다 독자는 꼭 명심해야 할 사항들이 있음을 상기하라! 그러므로 진도가 한걸음 한걸음 진행될 때마다 이 책에 나와 있는 유념 사항들을 읽으면서 '꼭 그대로' 해야만 100% 성공할 수 있다. 그렇지 않고 '외워서' 진도를 나아가고자 하면, 어느 틈에 장애가 발생하고 더욱 위험한 것은 실패로 입증된 옛 재래식 방식으로 돌아갈 확률이 높다는 것이다.

말하는 것도 때가 있다 08

6살짜리 귀염둥이를 다시 생각해 보라. 이 귀염둥이는 자기가 듣는 새로운 말을 처음 듣는 순간부터 따라하는 것이 아니다. 몇 번 같은 말을 되풀이 들으면 두뇌에 그 단어와 문장이 새겨져 있어 충분히 들었을 때부터 따라 하는데 거북함이 없이 자연스러우며 제법 말을 하게 되는 것이다. 사실, 영어회화는 어렵게 공부하는 것보다 좀 쉬운 것을 확실하게 자기 실력으로 만드는 것이 더 중요하다. 그럼에도 불구하고 간혹 자기 실력보다 높은 교재를 가지고 학습할 경우가 있으므로 교재가 어려워 따라가기 힘들 수 있다. 그런 경우 그 부분만은 1단계를 3번이 아니라 몇 번 더 추가하여 1단계와 같은 학습을 한 후, 2단계로 넘어가도 큰 무리가 없을 때 2단계 학습을 하면 된다. 그저 세월아 네월아 하면서 즐기듯이 편안하게 나아가는 자세가 장기전에 절대적인 성공비결인 것이다. 우리의 두뇌는 놀라운 작용을 하게 되어 있다. 다만, 중단하지 않고 그저 전진만을 매일매일 해야 한다는 조건하에서 그것이 가능하다. 이 SR외국어 학습법대로만 한다면 독자의 장래는 보장되어 있다고 감히 말씀드릴 수 있다.

SR 1단계 노하우 다시 살펴보기 》》

1단계는 교재와 테이프를 비교하면서 편하게 전체를 다 들어본다. 중단하고 사전을 찾아보거나 테이프를 역으로 돌려서 다시 듣지 말라. 몰라도 알아도 그냥 놔두고 계속 앞으로만 진격한다. 운전하면서 듣는 분은 교재를 안 보고 듣기만 하되 나중에 모르는 부분만 잠깐 보면 된다.

벌써 절반?

독자는 영어정복 길의 절반을 돌파했다. 출퇴근시에 테이프 2~3개, 집에서 1개 추가하면 도합 3~4개가 하루 진도이다.

이해되든 외워지든 말든, 세월아 네월아 편하게 부담없이 나아간다.

1단계의 첫 번째 테이프 듣기를 성공하는 것이 탄탄대로를 약속해 준다. 꼼꼼하게 학습하려 말고 편하게 들리는 대로만 진행되도록 한다. 못 들었어도 안 들었어도 또 기회가 마련되니 그냥 넘어가라!

휴일날은 밥 안 먹나요?

중요한 것은 매일 하루에 테이프 1개 이상은 반드시 들어야 한다. 휴일날은? 언어학습에는 결코 휴일이 없다. 독자가 지금보다 두뇌를 수십 배 수백 배를 써도 더 잘 돌아간다! 편안하게 매일 하므로 평일이든 휴일이든 이 길을 가면 된다.

두 번째를 시작한다

두 번째로 교재를 보면서 1번 테이프부터 마지막 테이프까지 편안하게 듣는다. 운전하며 테이프를 듣는 분은 교재를 보지 않고 듣기만 한다.

핏대는 독약이다

우리의 귀염둥이는 핏대 올리기로 골치를 썩는 일이 절대 없다. 이 귀염둥이는 분명히 언어실력이 계속 늘어가고 있다. 독자는 외국인이 말하는 것을 따라 하지 않고 듣고만 있다. 들리는 대로, 이해되는 대로, 앞으로 편하게 나아가기만 할 뿐이다.

오늘은 중요한 날

이 프로그램은 뭐 특별한 것이 없지 않느냐고 누구는 묻는다. 재래식으로 시작하면 100명 중에 90명은 1단계를 마치기 전 도중하차한다. 오로지 '독하신 분'들 10명만이 살아남았다. 이 프로그램에 참가한 독자들은 열병에 걸린 분 빼고는 전원 살아남았다! 독자들은 '독하신 분'들이 아니라 평범한 분들이다.

적은 차이가 천재와 둔재로

세 번째 테이프 듣기를 마치면 성공의 길을 60% 돌파한다. 이번에도 이해가 가든 말든, 외워지든 말든 아무 상관할 바 없다. 테이프 듣기를 마친 두뇌에는 테이프 내용이 3중으로 새겨져 있다. 지금까지 독자는 외국인 스피킹을 듣기만 하고 좇아 말하지 않았다.

왜 말 못하는 사람처럼? 말하면서 동시상영했으던 더 효과가 있었을 것 아니냐? SR외국어학습법은 끝까지 성공행진을 하는 데에 그 위대함이 있다. 재래식으로는 세 번째 듣기를 마칠 때에 이미 기진맥진해져 있다. 100명 중 90명은 탈락하고, 나머지 10명도 심신이 고달프다. 재래식 학습자들은 지긋지긋한 학습이 빨리 끝나기만을 학수고대한다. SR외국어학습법의 참여자들은? 이해되든 말든, 들리든 말든, 외워지든 말든 듣기만을 하면서 편하게 왔다. 강박관념이나 심신에 부담 없이 숨가쁜 일도 없이 성공적으로 나아왔다. 주의! SR외국어학습법은 유념사항들을 '꼭 그대로' 해야만 100% 성공한다. '외워서' 나아가면, 습관화된 옛 재래식 방식으로 돌아갈 위험이 높다.

테잎을 열번이랑
들어야 한다네~

SR외국어학습법 2단계

Lesson 7

01. 지금까지의 성공률 99%
02. 70%에서 미끌어진다
03. 가장 큰 장애는 권태감
04. 여기만 통과하면 행복이 기다리는데
05. 창창대로
06. 드디어 이 곳에
07. 90% 성공하는 경이로움

Lesson 7

SR 2단계 실천요령

첫째, 교재를 안 보고 테이프를 듣는다.(첫 테이프부터 마지막 테이프까지)

즉, 2단계 이후는 테이프를 들을 때는 교재를 안 본다.

둘째, 외국인의 스피킹을 함께 소리내어(반드시!) 따라한다.

셋째, 휴일날도 테이프 한 개 이상은 꼭 듣는다.

넷째, 이해되든 말든, 외워지든 말든, 잘 따라하든 말든 앞으로만 나아간다.

다섯째, 외국인 스피킹만을 따라해야 하며 한국인 스피킹을 따라하지 말 것!

여섯째, 2단계는 테이프 듣기를 일곱 번 한다. 따라서 1단계와 2단계를 합하면 테이프 전체를 열 번을 들은 셈이 된다.

자, 이제 2단계로 진입한다

2단계부터는 교재를 보지 않아도 된다. 즉, 교재를 안 보고 외국인의 스피킹을 그대로 따라서 발음한다. 2단계부터는 외국인의 스피킹을 절대적으로 소리내어(큰 소리면 좋으나 즈변상황에 따라서 소근거리는 소리라도 반드시 따라해야만 한다!) 1단계와 2단계는 거의 같은 방법이다. 1단계는 교재를 보면서 학습하는 것이고 2단계는 교재를 안 보고 따라 하는 것이다. 보통의 회화교재라면 문장을 외국인이 읽고나서 "Speak" 또는 "Repeat"라는 지시를 하면서 문장을 따라서 하라는 신호를 해준다. 이러한 지시대로 그대로 문장을 영어로 따라하면 되는 것이다. 교재에 그러한 지시가 없는 것이라면(그런 경우는 극히 드물다.) 그 문장을 외국인이 말하고 그대로 따라서 발음해 갈 수 있는 약간의 시간을 주는 것이 보통이므로 그 문장을 그대로 반복하여 발음해 나아가면 된다. 2단계에서는 교재를 보지 않고 따라하게 되는 데 배운 내용이 기억나지 않더라도 조바심할 필요가 없다. 결국 독자는 훌륭한 영어구사자로 조만간 변신하게 되어 있으니까. 3단계까지 충실하게 실천해 나아간다면 스스로도 놀라는 실력과 더불어 자신감이 생겨나 외국인과 대화하는 것이 전혀 두렵지가 않을 것이다.

외국인 발음을 "그대로" 따라해야만

독자는 외국인 발음을 이미 여러 번 들었으므로 익숙해 있겠지만 철저하게 "그대로" 따라해야만 한다. 예를 들면, "dishonest"는 "디스어니스트"가 아니고 "디싸니슷", "opera"는 "오페라"가 아니고 "아프러"이다. "model"은 "모델"이 아니고 "마들"이다. "gas station"은 "개스 스테이션"이 아니고 "개스테이션"이다. 동일계통의 자음이 두 개 겹치면 앞에 오는 자음이 생략된 것처럼 들려오기 때문에 청취되는 그대로만 따라하면 되는 것이다.

비슷한 예로, "since Saturday"은 "신스 새터데이"가 아니고 "씬쎄러데이"이다. "center"는 "센터"가 아니고 "쎄너"로 들리므로 그대로 발음하라.

어느 지방사투리에 "쌀"을 "살"이라고 하듯 하면 절대로 안 되는 것이다.

우리가 외국어에 자신을 가지려면 이 본토인의 발음대로만 따라 해야지, 한국인 해설자의 발음을 따라 해서는 "절대로" 안 됨을 기억하시라!

골치 아프게 머리 굴릴 필요가 없다

기존의 영어학습법과 엄청난 차이를 가져오는 SR외국어학습법의 특징이 여기에도 나타나는 것이다. 이것저것 골치 아프게 머리 굴릴 필요가 없다.

본토 외국인이 발음하는대로만 그대로 편하게 따라하면 된다. 즉, 모음과 모음사이에 있는 철자에서 일어나는 유성음화, 자음과 자음이 겹칠 때 일어나는 자음생략, 음의 동화현상 등 복잡하고 골치 아픈 어려운 용어가지고 신경 쓸 필요가 없다. 그저 있는 그대로의 외국어의 여러 가지 특성들을 자연적으로 체득하면 된다. 이 프로그램에 참가한 독자가 물 흐르는대로, 세월아 네월아 하면서 편하게 따라만 가면 정상에 오르기 전에 이미 그대의 혀는 버터기름이 아주 탐스럽게 칠해져 있어 자기도 놀라고 남도 놀라는 상태로 변해져 있음을 실감하리라.

지금까지의 성공률 99% 01

기존의 재래식 방법으로 학습해 온 분들은 100명중 90명이 2단계에 진입하지 못하고 이미 탈락한 반면, 우리 독자들은 아무 불편없이 그저 편안하게 2단계로 99명이 진입하였다. 이제부터는 교재를 볼 필요가 없을 정도로 이미 독자들은 교재의 내용에 자신도 모르게 익숙해져 버렸다. 다만, 들려오는 외국인의 스피킹은 매 문장마다 반드시 소리를 내어 따라만 하는 아주 단순한 단계로 접어들었다. 해설자의 해설은 조용히 듣고만 있으면 되는데 해설자의 발음은 본토 발음이 아니므로 따라하지 마시오!

이러쿵저러쿵 이야기를 하다보니 2단계에서 테이프를 한번 다 들었다. 결국 테이프를 네 번 들은 셈이다.

a moment

2단계로 접어 든 독자들은 이미 1단계에서 세 번째 테이프 듣기를 마쳤다. 그 때문에 네 번째 테이프 듣기는 한결 잘 들리고 좀 외워지는 것 같고, 외국인의 본문 읽기를 따라하더라도 거의 부담이 없다. 즉, 힘이 들지 않는다는 사실이다. 독자는 이전에 내가 한 말을 어렴풋 기억할 것이다. 영어학습에서 성공하려면 어떡해야 하느냐고? 편하고 자연스럽게 학습하지 않으면 실패한다고 말했다. 즉, 학습에 너무 학습자의 의지력이 요구되어서는 안 된다고 하였다. 그렇다. 외국인발음을 따라하기 시작한 2단계의 첫 코스 즉 네 번째 테이프 듣기는 이미 전에 세 번의 테이프 듣기가 끝난 상태이다. 독자의 머리속에 3중으로 새겨진 내용이 이미 독자의 머리와 마음속에 친숙해져 있다. 그리고 교재를 안 보더라도 교재의 내용이 독자도 모르게 거의 외워지게 되었다. 따라서 혀를 부지런히 움직여 따라하더라도 교재를 보는 수고도 없고 본문의 내용도 어느 정도 외워져서 따라하는 데에 전혀 무리가 없다. 고로, 네 번째 테이프 듣기인 이 단계를 부드럽게 넘어갈 수 있는 것이다. 이처럼 SR외국어학습법은 학습에 따르는 심리적 피로감을 최소화하고 두뇌의 잠재능력을 자연스럽게 발휘하도록 한다. 그래서 각 단계마다 헉헉거리지 않고 넉넉하게 넘어갈 수 있기 때문에 결국은 성공하는 것이다. 재미있죠?

이제 다섯 번째 테이프 듣기

이제 다섯 번째 테이프 듣기로 들어간다. 이제부터는 욕심을 버리는 자세, 즉 영어를 더 잘하려는 마음을 버리고 그저 6살 귀염둥이의 흉내를 그대로 내야 한다. 다섯 번째 테이프 듣기는 네 번째 테이프 듣기 방법과 똑 같다. 다만, 외국인의 발음이 더 잘 들리고 나의 발음이 어떻게 하면 외국인과 같을 정도까지 혀를 솔솔 잘 굴릴 수 있는가를 궁리하면서 따라하면 된다. 이제 다섯 번째 테이프 듣기가 끝났다. 독자는 성공의 길에서 70%의 단계에 와 있음을 자부할 수 있다. 그러나 생각해 보라.

02 70%에서 미끌어진다

지금까지 영어를 공부해온 사람들의 대다수가 70% 수준에서 맴돌다 다시 미끌어져 허망한 자신들의 노력을 애통해 하며 학교를 욕하며 교육부를 욕하기도 한다. 심지어는 은사이신 영어선생님마저 원망하면서 영어를 못하는 자신을 한없이 한탄하고 있다. 나의 사랑하는 독자들이여, 여러분은 결단코, 절대로 그 전철을 밟아서는 안 된다. 이제 조금만 더 가면 정상이 우리 발앞에 나타날 것을 나는 분명히 약속드린다.

a moment

지금 이 순간이 독자에게 닥친 어려운 관문이다. 지금까지 순조롭게 왔는데 무슨 어려움? 심리적인 문제이다. 속담에 "구합은 모자라고 십합은 넘친다"라는 말이 있다. "술은 반 정도 취하고, 꽃은 반 정도 피고, 복은 반 복"이라 했다. "호사다마"라는 말은 행복한 인간에게는 반드시 궂은 일이 생긴다는 말이다. 왜 쓸데없는 이야기를 하고 있느냐고? 독자는 이 SR외국어학습법을 실행하기 전까지는 맨날 힘들고 헉헉거리는 영어학습만 하 왔다. 그러다가, 이 SR외국어학습법을 실행해 보니 "이거 참 편하군! 좋다, 좋아!" 그런데 우리 한국사람들의 잠재의식 속에는 너무 좋기만 하면 어딘가 불안해지는 모습이 있다. 그러니 이 단계에서 좀더 자신감을 가지고 더욱 씩씩하게 나아가야 함에도 그러한 행복에 겨운 것이 자칫 걸림돌로 작용할 수 있다는 것이다. 그러므로 독자시여! 아무 걱정일랑 매어두고 전진하라! 이미 70%의 진도가 거침없이 그리고 편하게 능률적으로 영어학습이 이루어지고 있음을 자부하라. 30%만 더 나아가면 지금까지 꿈에 그리던 정상이 나온다!

여섯 번째 테이프 듣기

그럼, 여섯 번째 테이프 듣기를 주저말고 시작한다. 방법은 다섯 번째와 똑 같다. 독자가 아들딸에게 "열심히 하라"고 격려할 때의 마음을 가지고 여섯 번째 테이프를 듣도록 하라. 미혼이라면, 조만간 나타날 배우자 후보에게 그래도 영어만은 좀 한다는 것을 보여주겠다는 마음으로 들어라. 확실히 소리를 내서 외국인 스피커의 본문 낭독을 "절대로" 함께 따라해야 함을 다시 상기드린다. 이제 여섯 번째 테이프 듣기가 끝난다.

03 가장 큰 장애는 권태감

외국어학습에서 가장 큰 장애는 단조롭다는 권태감이다. 그리고 해도 해도 어디까지 해야 정상에 오를 수 있는 것인지 너무나 막연하고 회의가 되살아나 힘차게 전진할 의욕이 꺾인다는 점이다. 이제 일곱 번째 테이프 듣기만 끝내면 여러분은 정상의 80%에 도달하게 된다는 기쁜 소식을 알려드린다.

일곱 번째 테이프 듣기 시작

그럼, 일곱 번째 테이프 듣기 시작! 방법은 여섯 번째와 똑 같다.

이쯤 되면, 독자의 혀는 기름이 뱅글뱅글 도는 수준까지 와 있다. 정말, 맘 편하게 하라는 대로만 하니까 밥먹을 때 완도김에 기름 칠 필요도 없이 입 속에 기름이 슬슬 돌고 있다. 이제 일곱 번째 테이프 듣기가 끝났다. 정상목표의 80%도달! 앞으로 20%만 더 가면 여러분은 누가 뭐래도 국제신사 자격증을 딴다!

이해를 돕기 위해 약간 곁길로 산책을 해 본다. 권태감이란 인간성의 기본적인 것의 하나로서, 이러한 특성이 사회현상으로 나타나기도 하고 우리의 학습과정에 직접적인 영향을 미치기도 한다. "HOODLUM"은 미국 속어로 불량청년, 건달, 게으름뱅이라는 말인데 이 속어는 하나의 패션을 일컫기도 한다. 이 패션은 1950년대에 반항적인 젊은이들의 옷차림에서 비롯되었다. 문명의 발달과 반복되는 도시생활의 무료함과 권태감에서의 탈피, 기성사회나 기성세대에 대한 반발, 기성가치에 대한 파괴라는 그들의 주장을 행동으로 보이기 위해 상식화된 룰을 도외시했다. 단정한 옷맵시를 거부하고 옷을 흐트려 입거나 걸레같이 낡고 너절한 옷을 입음으로 자신의 반항의식을 드러내고 그것으로 정신적 위안을 얻으려 했다. 이런 현상은 1970년대에 다시 나타났고 세기말이 되면서 고개를 또 들었다. 문명을 탈피하고 그것을 거부한다는 점, 그것을 비판하고 파괴한다는 적극적인 요소가 강하다. "불만은 신성한 것이다"라고 누구는 말했다. 결국, 아마도 모든 철학은 이 권태감에서 시작된 것인지도 모른다. 인간은 권태감 외에 상상이라는 것을 가지고 있다는 데 의미가 있을 것이다. 그래서 이런 의미에서 자족하고 있는 사람이라곤 이 세상에 하나도 없다. 사람은 모두가 자기 아닌 남이 되고 싶어한다. 이러한 인간의 특색은 확실히 인간의 상상력과 꿈꾸는 능력에서 온다. 상상력이 크면 클수록 인간은 늘 불만투성이다. 상상력이 풍부한 애가 늘 다른 애보다 다루기 힘들다고 하는 것은 이 때문이다. 상상력이 없이 인류가 진보할 수 있다고는 전혀 생각할 수 없다. SR외국어학습법은 권태감을 최소화하여 중도에 낙오되지 않도록 프로그램되어 있으므로, 자신을 가지고 나아가도록 하라!

여덟 번째 테이프 듣기를 시작한다

그래, 내친김에 여덟 번째 테이프 듣기를 시작한다! 방법은 일곱 번째와 마찬가지. 즉, 외국인 스피커의 문장낭독을 그대로 같이 소리내어 따라하는 것이다. 꼭! 독자 여러분, 지금 이 순간이 여러분의 영어학습에 가장 큰 고비임을 명심하라.

여기만 통과하면 행복이 기다리는데

04

눈물의 8부 능선! 이 여덟 번째 테이프 듣기가 심리적으로 가장 큰 고비이므로 독자는 이제 모든 각오를 새롭게 하여 정면돌파하는 돌진력을 보여야 한다. 사실, 뛰어난 인물과 좀 떨어지는 인물의 차이는 결국 작은 차이에서 결정되는 것이다. 평상시에는 그 차이가 별로 없으나 난국을 당했을 때 그 위기를 전력을 다하여 돌파하는 자는 뛰어난 인물로 되고, 위기에서 주춤주춤하면서 타의에 의해서 결단력없이 나아가지 못하는 자는 결코 평범의 굴레를 벗을 수 없다.

사랑하는 독자시여! 조금만 더 힘을 냅시다. 이 8부 능선만 돌파하면 성공가능성은 99%보장된다! 드디어 최대 고비 여덟 번째 테이프듣기를 마치다! 성공의 길에서 88%를 달성! 이제 성공의 가능성은 99%를 보장 받았으나 조심하라. 1%의 실패가능성에 걸려 넘어지는 경우도 있다는 것을… 평균수심 30센치의 샛강에서 익사사고를 당하는 일이 가능한가? 샛강 중 일부 장소의 수심이 2미터가 되는 곳이 있으므로 그렇게 되는 것이다. 1%의 실패가능성에 걸려 넘어지는 자는 오직 방심하여 자만하는 사람뿐이므로 좀더 성실하게 마음을 다시 가다듬어야 한다. 이제는 가깝게 정상이 눈에 보이고 있다.

창창대로 05

마의 8부 능선을 돌파한 우리의 사랑하는 독자는 이제 창창대로에 들어서기 직전에 있다. 그러므로 홀가분한 마음으로 아홉 번째 테이프듣기를 시작한다. 방법은 여덟 번째와 똑 같다. 그런데 이상하다. 독자가 외국인의 스피킹을 따라 스피킹하는 것을 유심히 관찰해 보니 그 속도가 외국인과 거의 같다. 그리고 발음도 아주 좋아진 것 같다. 어! 이제 우리 독자의 스피킹 능력이 대단해졌음을 알 수 있다. 정말 기쁘지 않은가! 8부 능선을 기점으로 하여 우리 독자는 이제 외국인에 못지 않는 스피킹 속도와 발음이 이 프로그램을 시작할 때와는 천지차이가 되어버렸다. 이제 아홉 번째 테이프 듣기 끝!

내친김에 한 번 더 듣자. 열 번째 테이프 듣기 시작! 방법은 아홉 번째와 똑 같다. 이제 정상이 확실히 보인다. 그리고 정상까지 가는 길은 완만한 언덕이라서 여기서 낙오된다는 것은 어린아이라도 있을 수가 없다. 이제는 외국인 스피커가 문장의 첫 단어를 말하기 시작하면 거의 동시에 시작하여 끝나는 단어를 동시에 발음할 수 있는 상태에 와 있다. 만세! 이제 열 번째 테이프 듣기가 끝났다! 정상까지의 목표에 91% 달성! 나머지는? 겨우 9% 남았다.

a moment

전쟁에서 유리한 고지의 점령은 그 전쟁의 승패를 가르는 결정적인 역할을 한다는 것이 역사의 진실이다. 다음의 이야기를 잠시 들어본다. 해발 395m의 백마고지는 철원평야를 통제하는 요충지이며 6.25 전사 중 가장 치열한 접전을 치른 철의 삼각 전적지이다. 1952년 10월 열흘동안 국군9사단과 중공군38군의 주력부대가 치열한 혈전과 진퇴를 거듭하여 국군 3,428명과 중공군 14,389명이 희생된 고지로 결국 국군이 쟁취한 유명한 전적지이기도 한다. 포탄이 30만 발 이상 작렬했으므로 산의 높이가 1미터 정도 낮아졌으며 황폐화된 산의 능선이 백마의 모습처럼 보인다하여 백마고지라 이름이 붙었다. 한국전쟁 당시 보병 제9사단은 효성산 언저리의 이 고지에서 중공군과 치열하게 접전했다. 이 이름 없는 고지를 접수하느냐 빼앗기느냐에 따라 전쟁의 승패가 달렸던 것이다. 이 산을 놓고 공격과 방어를 거듭, 무려 24번이나 주인이 바뀌었다는 기록은 당시의 전운을 짐작하고도 남게 한다. 한국전쟁 기간 중, 철원 땅의 한 작은 고지를 놓고 가장 치열하게 싸웠던 고지 쟁탈전이었으며, 지역전투로는 세계 전사상 유례가 없을 정도였다고 한다. 한국군은 이 전투에서 승리함으로써 한국군의 지휘능력을 과시하게 되었다. 효성산 언저리에 무명고지로 있던 이 산은 그때 집중적인 포격을 받는 바람에 산 모양이 바뀌었다고 한다. 산 모양이 백마처럼 보였기에 보병9사단은 백마부대라는 별칭을 얻게 되었다. 전쟁에서 유리한 고지의 점령은 실제적인 전투의 유리함뿐만 아니라 심리적으로 점령한 군인들에게 엄청난 에너지를 가져다준다. 마찬가지로 독자는 이제 매우 결정적인 고지를 차지한 승자의 위치에 서게 됨으로써 최종 승자가 될 전망이 매우 밝다고 확신해도 좋다! 기존의 재래식 학습방법은 100명 중 90명이 이 고지에 한 번 올라 서보지도 못하고 다시 미끄러져 내려갔다. 하지만, SR외국어학습법에 참여하는 독자는? 이미 고지의 맛을 보았으므로 절대적인 성공의 길에 들어선 것이다!

주의!! 고지에 올라 선 독자는 이제 좀 방심할 듯하다. 필자가 이전에 뭐라고 했던가? SR외국어학습법을 외워서 진도를 나아가려고 하지 말고 어린아이처럼 순진하게 하도록 하라! 즉, 이 책을 다시 보면서 유념할 점들을 '꼭 그대로만' 하면 독자는 반드시 성공한다! 여기에서 잔꾀를 내어 책을 확인하지 않고 대충대충 하면 실패의 지름길이 된다. 더욱이 옛 습관으로 돌아가려는 관성의 힘이 독자를 파멸로 이끌 위험이 있다. 순진하게 이 책을 보면서 '꼭 그대로만' 하면 성공을 보증한다.

06

드디어 이 곳에

그렇게 수년간 이러한 상태에 도달하려고 고민하고 발버둥치고 헉헉대며 무수히 많은 용돈을 깨부숴가며 많은 시간을 소비하면서도 경험하지 못했던 상태에 와 있는 것이다. 어! 그런데 옆산에서 기존의 재래식방법으로 똑 같은 교재와 테이프로 학습하며 산을 오르던 분들은 모두 어디 갔나?

분명히 우리와 같은 100명으로 출발했는데… 아, 저기 한 명이 보이는구나.

저 분은 독한 분으로 소문난 '악돌박이' 라는 분 아닌가? 나머지 분들은? 소리쳐 본다. "악돌박이님! 다른 분들은 어디 갔습니까?" 악돌박이씨가 대답한다. "100명중 90명은 그대들이 세 번째 테이프 듣기를 마치기 전에 하산했고 나머지 10명중에서 9명은 8부 능선에서 지쳐서 다 하산해버려 나만 외로이 남았수다." 그렇다. 아직 정상에 도달한 것도 아닌데 기존의 재래식학습법은 99%가 실패하고, 1% 참으로 지독한 인사만이 겨우 성공할 확률을 가지고 있다.

90% 성공하는 경이로움 07

그런데 우리 독자들은 어떠한가? 100명중 급성열병에 걸린 사람을 포함하여 10명 정도만이 이런저런 사정으로 하산하였고 90명이 바로 정상 아래인 이 곳에 남아 있으니 90%가 성공하였다. 하산한 사람들도 힘들어서 헉헉거리다가 하산한 것이 아니라 뜻하지 않은 일이 발생하여 내려 간 것이다.

그들은 이 프로그램이 참으로 편하고 단계별로 나아감에 따라서 그 실력이 늘어가는 것을 스스로 느낄 수 있으니 학습하는 것 같지 않아도 저절로 학습이 되어가는 것을 맛 본 사람들이다. 자, 아직 정상이 바로 저기 보일 뿐이고 가는 길이 평탄하고 얼마 안 남았을 뿐이니 정상까지 가려면 무슨 프로그램이 남아 있을까?

앞에서 열 번째 테이프 듣기가 끝났을 때 정상까지 9%의 여정이 남아 있다고 말하였다. 대부분의 경우 1단계는 3번을 반복하여 교재를 보기 때문에 2단계에 들어서면 교재를 보지 않아도 그리 어렵지 않게 따라할 수 있게 되어 있다. 그러나, 교재의 내용이 학습자 수준보다 높거나 특별한 경우에는 2단계에 들어서도 교재를 안 보면 잘 따라하지 못하는 예외적인 경우가 있을 수 있다. 이러한 경우에는 진정한 2단계에 들어섰다고 말할 수 없으므로 교재를 좀더 보면서 학습하는 것이 좋다. 2단계에서, 여덟 번째 들을 때가 가장 힘든 '마의 8부 능선'과 같은 고비이다. 앞으로 그리 어려운 고비는 거의 없을 것이며 조만간 유창한 영어를 구사할 날이 가깝다는 희망을 가져도 될 것이다. 이 책에서 누차 강조하기를 "책에서 알려주는 대로만 그대로 실천하라"고 하였다. 아주 간단한 사항이며 이러한 간단한 사항들이 쌓여서 엄청난 실력으로 나타나게 되는 것이다.

SR 2단계 노하우 다시 살펴보기 》》》

2단계부터는 교재를 보지 않아도 된다. 2단계는 교재 안 보고 외국인 스피킹을 절대적으로 소리내어 따라한다! 본토인의 발음대로만 따라하면 외국어 특성이 체득되어 자신감이 생긴다.

지금까지의 성공률 99%

재래식으로 학습한 분들은 100명 중 90명이 2단계에 진입 못하고 탈락했다. 우리 독자들은? 아무 불편없이 편안하게 2단계로 99명이 진입하였다. 이제는 교재 볼 필요가 없을 정도로 교재내용에 익숙하다. 외국인 스피킹을 매 문장마다 꼭 소리내어 따라하는 단순한 단계이다. 교재도 안 보고 본문도 외워져서, 발음을 따라하는 데에 무리가 없다. SR외국어학습법은 심리적 피로감을 최소화하고 두뇌 잠재능력을 발휘되게 한다.

이제 다섯 번째 테이프 듣기로 들어간다

다섯 번째 테이프 듣기는 네 번째 듣기 방법과 같다. 외국인처럼 혀를 잘 굴릴 수 있는가를 궁리하여 따라하면 된다. 다섯 번째 듣기가 끝나면 독자는 성공의 길 70% 단계에 와 있다.

70%에서 미끄러진다

재래식으로 학습한 사람들 대다수가 70% 수준에서 다시 미끄러진다. 지금까지 순조롭게 왔는데 무슨 어려움? 심리적인 문제이다. 30%만 더 나아가면 정상이 나온다! 여섯 번째 테이프 듣기를 시작한다. 방법은 다섯 번째와 똑같다. 소리내어 외국인 스피커의 본문낭독을 '절대로' 함께 따라해라! 이제 여섯 번째 테이프 듣기가 끝난다.

가장 큰 장애는 권태감

외국어학습에서 가장 큰 장애는 단조롭다는 권태감이다. 일곱 번째 테이프 듣기만 끝내면 정상 80%에 도달한다는 기쁜 소식이다. 일곱 번째 테이프 듣기 시작! 방법은 여섯 번째와 똑같다. 이쯤 되면, 독자의 혀는 기름이 뱅글뱅글 도는 수준에 와 있다. 일곱 번째 테이프 듣기가 끝났다. 정상목표 80% 도달! 앞으로 20%만 더 가면 국제신사 자격증을 딴다! 여덟 번째 테이프 듣기를 시작한다! 방법은 일곱 번째와 마찬가지.

■ 여기만 통과하면 행복이 기다리는데

눈물의 8부 능선! 이 여덟 번째 테이프 듣기가 심리적으로 가장 큰 고비이다. 이 8부 능선만 돌파하면 성공가능성은 99% 보장된다! 최대 고비 여덟 번째 테이프 듣기를 마치다! 성공의 길에서 88%를 달성!

■ 탄탄대로

아홉 번째 테이프 듣기를 시작한다. 방법은 여덟 번째와 똑같다. 독자의 스피킹 속도가 외국인과 거의 같다. 발음도 아주 좋다. 8부 능선을 기점으로 독자는 스피킹 속도와 발음이 처음과는 천지차이다! 이제 아홉 번째 테이프 듣기 끝! 열 번째 테이프 듣기 시작! 방법은 아홉 번째와 똑같다. 이제 외국인이 첫 단어를 말하면 동시에 시작하여 끝 단어도 동시에 발음할 수 있다. 만세! 이제 열 번째 테이프 듣기가 끝났다! 정상까지의 목표에 91% 달성! 나머지는 겨우 9% 남았다. 재래식 학습은 100명 중 99명이 여기에 오르지 못하고 미끄러졌다. SR외국어학습법의 독자는? 고지를 점령했으므로 절대적인 성공이다!

주의!

이 책을 다시 보면서 유념할 점들을 '꼭 그대로만' 하면 반드시 성공한다! 책을 확인하지 않고 대충대충 하면 실패의 지름길이다. 90% 성공하는 경이로움! 열병환자 등 10명만 하산하고 90명이 이곳에 있으니 90%가 성공하였다! 참고로, SR외국어학습법을 실천하는 데 어려움이 있는 독자를 위해서, 필자에게 이메일로 문의하면 개인상담해 드릴 것이니 안심하시기 바란다.

이메일 lp3982830@hanafos.com 독자를 꼭 성공하게 만드는 것이 필자의 목표이다!

전화 011-763-2830, 031-398-2830. 두 개의 전화번호를 공개한다. 이는 필자가 자신있다는 표시이며 정직하다는 증거이다.

SR외국어학습법 3단계

Lesson 8

01. 고수들의 신나는 게임

02. 속도가 10배로

03. 몇 백점은 따 놓은 당상

Lesson 8

SR 3단계 실천요령

첫째, 테이프 전체 중 본문 복습용 외국인 스피킹만 있는 테이프(마지막 3개 정도)를 듣되, 소리내어(반드시!) 따라한다.

둘째, 가능하면 외국인과 같은 속도로 스피킹을 따라한다.

셋째, 잘 따라하든 말든, 이해되든 말든, 외워지든 말든 앞으로만 나아간다.

넷째, 3단계는 외국인 스피킹만 있는 테이프(복습용임) 전체를 20번 반복한다. 1단계부터 3단계 마칠 때까지 본문을 30번 반복한 셈이다.

이제는 3단계로서 끝마무리이다

2단계를 마친 독자들의 상태는? 교재내용과 테이프내용이 99% 머리속에 새겨져 있으므로 문장의 첫마디만 들으면 끝마디까지 줄줄 따라 할 수 있는 상태에 있다. 또한 발음도 매우 좋아져서 외국인에 버금가는 버터냄새가 솔솔 나는 발음이다. 더욱이 가장 중요한 것은 본토 외국인이 말하는 문장에 대해서 그 문장이 콩글리쉬가 아니라 분명히 잉글리쉬라는 확신이 꽉 차 있다는 사실이다. 그러므로 어떤 외국인에게 그 문장을 말하더라도, 또 그 문장을 약간씩 변형시켜서 말하더라도 우리는 모범적인 잉글리쉬를 말하고 있다는 확신감으로 거침없이 말할 수 있다는 점이다.

그런데 우리 프로그램의 생존자는 지금 몇 명인가? 아! 가장 힘든 8부 능선을 통과한 90명 모두가 생존해 있구나! 하기는 8부 능선 이후로는 평탄한 길뿐인데 더 이상 탈락할 리가 없지!

3단계 마무리만 잘 하면 영어실력은 확고

이제 3단계인 마무리만 잘 한다면 우리의 영어실력은 확고해 질 것이고 앞으로 죽을 때까지 정말 죽을 때까지 우리의 사랑하는 독자는 영어걱정은 할 이유가 없다는 것이 엄연한 사실이다. 3단계 마무리로 들어간다. 간단히 말하면 3단계용 복습용 테이프는 해설자의 해설이 모두 제거된 것으로 외국인이 교재 본문만을 낭독하는 것이다. 해설이 곁들인 테이프에서 해설을 빼고 외국인이 말하는 부분만 녹음하여 두면 테이프 10개 정도가 1개에 거의 다 들어갈 것이다. 그렇게 녹음하여 복습용 테이프를 만든 후 3단계에서 이 복습용 테이프만을 가지고 들으면 된다. 1단계, 2단계에서 해설까지 들으면서 10회의 학습을 하였으므로 해설 없이도 그 뜻을 이해하고 테이프를 외국인과 거의 같은 속도로 따라할 수 있다. 그래서

3단계를 20회 정도 되풀이 하면 첫 단어만 들어도 마지막 단어까지 저절로 스피킹이 되는 수준이 된다. 그 3단계를 추가하여 연습하면 할수록 실력은 더욱더 확고하며 잠꼬대도 외국어로 할 정도가 될 것이다. 필자는 영어를 좀더 유창하게 하려고 3단계를 마친 후 3단계만 30회 추가하여 학습하기도 하였다. 1회 1일로 즉 30일만 더하면 더욱 탄탄한 실력으로 격상될 수 있다!

대학까지 10년의 세월을 영어에 투자하였음에도 아직도 영어회화에 자신이 없는 것이 현실이다. 그러한 것을 몇 달 더 공부하여 실력을 좀더 탄탄하게 하는 것이 무엇이 문제이겠는가? 학습 시간은 많으면 많을수록 좋은 것이다. 학습하여 이익을 받는 자는 학습자 본인이지 다른 사람이 아니다. 어떤 교재는 복습테이프 분량이 비교적 많은 경우도 있다. 테이프수가 많다는 것은 학습할 기회가 더 많다는 것이므로 그리 문제될 것이 없다. 요컨대, 10년을 허송세월하면서 영어에 헛방을 쳐왔다. 이제 제대로 된 학습으로 몇 달 더 공부하는 것으로 10년의 노력을 하는 것보다 더 탄탄한 실력이 생긴다는 것을 상상해 보기 바란다. 이는 매우 경제적인 투자인 것이다. 아낌없이 투자해도 남는 장사이다.

물체에 힘을 가하면 힘의 방향으로 가속도가 생긴다. 이 때 생기는 가속도의 크기는 힘에 비례하고 질량에 반비례한다. 이것을 누턴의 운동 제2법칙 또는 힘과 가속도의 법칙이라고 하며 우리에게 친숙한 개념이다. 우리는 이 용어를 자동차의 정지신호로부터의 가속 또는 미식축구에서 공을 들고 뛰는 공격선수의 가속 등을 이야기하는 데 사용한다.

자동차의 속도가 갑자기 변하거나 엘리베이터가 갑자기 위쪽으로 출발하여 우리의 몸이 함께 가속될 때 우리는 위장이 약간 뒤쳐지게 되는 것을 느끼게 된다. 이러한 것들이 모두 가속도이다. 가속도는 속도가 변화하는 비율이다. 버스를 타고 출발할 때 자세히 살펴보면 버스가 처음 출발할 때는 천천히 움직이다가 점차 속도가 붙어 빨라지는 것을 알 수 있다. 버스의 운동을 살펴보았을 때 분명 등속도 운동은 아니라는 것을 알 것이다. 그 속도가 빨라지는 것을 가속이라고 하고, 반대로 속도가 점점 느려지는 것을 감속이라고 한다. 또 이처럼 물체의 속도가 시간에 따라서 변하는 운동을 가속도 운동이라고 한다.

뉴턴의 제1법칙

물체에 가해지는 힘에 의해 상태가 바뀌지 않는다면 정지해 있는 물체는 정지해 있고 운동하는 물체는 직선으로 같은 운동을 계속한다. 이를 관성 법칙이라 한다. 이 법칙도 우리 학습과 관련이 있으나 현 단계는 제2법칙이 직접 관계있다.

뉴턴의 제2법칙

물체의 가속도는 물체에 작용하는 알짜 힘에 직접 비례하여 가속도의 방향은 힘의 방향과 같으며 물체의 질량에 반비례한다. 지금 우리는 물리학의 법칙을 상세히 논하고자 이상과 같은 이야기를 하고 있는 것이 아니다. 독자는 SR외국어학습법의 마지막 단계이며 마무리 단계인 3단계에 와 있다. 지금부터, 독자는 스피드의 환희를 만끽하는 '가속도의 진실'을 경험하게 된다는 사실이다. 독자들이여! 참으로 그대들은 이미 엄청난 업적을 쌓은 것이다. 앞으로 남은 신나는 질주에서 실력이 배가하는 기쁨을 맛보게 될 것이다. 이미 가속도가 붙기 시작한 독자의 실력은 누구도 거역할 수가 없다. 오직 가속도 원리에 따라 기쁨을 조절하면 되는 것이다.

01

고수들의 신나는 게임

테이프가 모두 40개 정도라면 마지막 3개 정도는 복습용이다. 이 테이프들 속에 들어있는 내용은 해설은 없이 교재의 본문내용만 외국인 스피커가 영어로만 스피킹한 것으로서 각 과의 순서대로 전체 교재본문의 문장이 수록되어 있다. 장래가 촉망하신 독자들은 이제 2단계를 끝내서 외국인 스피커가 본문 문장의 첫 단어만 발음해도 다음 단어가 무엇인지를 알 만큼 저절로 외워진 상태에 있으므로 외국인과 거의 같은 속도로 소리를 내어 따라갈 수 있다. 참으로 놀랄만한 실력인 것이다!

3단계는 간단하다. 외국인 스피커를 따라서 “절대적으로 소리내어” 같이 따라 발음해 나아가는 것이다. 본문 해설이 없기 때문에 2단계에서 한 과의 진도를 나아가는 것보다 10배는 빠르게 각 과의 진도가 진행된다. 그러므로 전체 본문을 외국인과 함께 스피킹하는 것이 테이프 3개 정도 듣는 것으로 1회에 전체를 마스터하는 효과가 있다. 그러니까, 2단계까지는 전체를 한번 들으려면 여러 날 걸리는 것이 이제는 하루면 전체 본문 테이프를 듣게 되는 것이다. 얼마나 경제적인 단계에 왔는가! 진도 진행이 경쾌한 속도이며 따라 하는 것이 신난다. 전체 본문 스피킹 따라하기를 하루에 끝낼 수 있다니!

02 속도가 10배로

2단계를 마칠 때까지는 본문을 10번 반복하였다. 테이프가 40개라면 하루에 3개씩 들을 때 약 13일, 10번이면 130일 즉 4개월 10일정도의 기간이 흘렀다. 이제, 3단계는 전체 븐문을 한번 다 듣는데 하루면 되므로 매일 전체 본문을 외국인스피커의 스피킹을 따라서 자신있게 발음해 본다. 그러기를 20번 즉 2C일간을 시행하면 결국 3단계에서 전체본문의 복습을 20번 반복하게 된다. 그러므로 150일 정도면 3단계까지 마치게 되는 것이다. 1단계부터 3단계까지 총 30번을 학습을 한 셈이 되는 것이다.

즉, 3단계는 하루에 본문 전체를 마치며 20번을 반복한다. 그러니까, 1단계부터 3단계까지를 마치는 데까지 걸린 기간은 하루에 3개정도를 듣는다면 5개월 정도면 된다. 만세! 수 년 동안 이리처지고 저리박혀서 영어라는 굴레에서 영원히 종의 상태로 지내는 것이 숙명인 줄 알았던 독자는 이제 자유의 몸으로 해방되어 오히려 영어를 독자의 종으로 부리게 된 것이다. 단, 5개월만에 말이다. 앞으로, 독자는 한 달에 한 번 정도 즉, 3단계를 한 번씩만 가볍게 몸 풀

듯하면 죽는 날까지 그 실력을 유지할 수 있다. 한 달에 하루만 하면 되는 것이다.

한 번 생각해 보라! 본토 외국인 발음을 그대로 반복하여 본문 전체를 30번 반복한다는 것은 엄청난 위업이라는 것을 알아야 한다. 영어학습을 시작하여 5개월만에 정상에 올라섰다는 것은 말로 형언할 수 없는 자신감과 배짱을 독자 여러분에게 가져다 줄 것이다. 이제, 정상에 섰으므로 이제부터는 더욱 자유자재하는 상태에서 우리의 영어실력을 배가할 수 있다.

a moment

의식과 잠재의식

사람에게는 스스로 사고하고 행동할 수 있는 의식의 세계와 우리가 알지 못하는 잠재의식의 세계가 있다. 의식의 세계는 물위에 나타나 보이는 빙산의 일부이고 잠재의식의 세계는 수면 아래 숨어있는 보이지 않는 빙산 몸체의 대부분이라 할 수 있다. 꿈은 우리가 반쯤 잠이 든 상태에서 꾸게 되는데 '프로이드'의 꿈의 해석법에 보면 꿈은 하나의 심적 현상, 소원충족이다. 꿈은 현재 심리상태나 신체상태를 나타낸다. 자신의 의식 속에 억눌리고 잠재되어 있던 의식이 잠을 자는 동안에 무의식의 세계로서 꿈으로 나타난다. 잠재의식은 반복에 가장 민감하다고 한다. 즉 반복적인 정보가 누적되면 우리의 잠재의식에 깊이 새겨진다는 것이다. 왜 꿈 얘기를 하느냐고? 독자가 이 단계에 도달하게 되면 독자의 잠재의식에는 독자가 지금까지 수십 번 반복하여 두뇌 속에 새겨 놓은 영어교재의 회화내용들이 꿈속에서 나타난다. 상당수의 독자는 이제 잠꼬대도 영어로 하는 상태로 승화되어 있을 수 있다. SR외국어학습법은 자연스럽고 편한 반복학습을 한다. 독자는 자기도 모르게 학습내용이 독자의 의식과 잠재의식 속에 차곡차곡 새겨지도록 프로그램되어 있음을 상기하기 바란다. 그러므로 악을 쓰지 않더라도 외워지지 않는다고 안달을 하지 않더라도 염려 말라. 독자의 의식과 잠재의식에 이중으로 그 학습내용이 저장되어 놀랄만한 실력으로 나타난다는 사실을 알고 있으라! 혹시 독자의 옆에서 자고 있는 분이 있다면 독자가 영어로 잠꼬대를 하더라도 놀라지 않도록 미리미리 마음의 준비를 시켜놓도록 하라. 영어로 잠꼬대를 하더라도 가능하면 미국여자 이름은 부르지 않도록 미리 조심하라. 옆에 누워있는 부인이 오해하면 곤란하다. 오해하지 않도록 미리 설명하고 잠꼬대하든지…

몇 백점은 따 놓은 당상

03

독자는 그 대상이 TOEIC이든, TOEFL이든 거침없이 정복할 능력이 갖춰진 것이다. 점수로 몇 백점 더 올리는 것은 이제 따 놓은 당상으로 생각하라! 지금까지보다도 더 능률적으로 영어실력이 불어날 것이고, 외국인만 만나면 주눅이 드는 이상한 버릇도 없어질 것이다. 사실, 이상하다. 외국인과 영어로 대화하면서 말이 잘 안 통하면 왜 우리가 죄지은 듯이 안절부절일까? 그것은 우리의 자신감 부족에서 나오는 현상이다. 이제 우리 독자는 결코 외국인 앞에서 주눅들 이유도 필요도 없을 것임을 확신해도 좋다.

내가 추천하는 기준에 맞는 교재와 테이프는 외국인이 본문을 낭독하는 것(한국인은 해설을 담당하는 것)이어야 한다고 말했다. 그 외국인이 말하는 단어를 그대로 따라서 발음하게 되면 저절로 외국인과 같은 발음을 하게 된다. 한국인이 아무리 외국인과 같은 발음을 하려고 노력한다고 하더라도 절대로 외국인과 똑같은 발음을 할 수는 없다. 이는 미국인이 아무리 한국어를 잘하더라도 발음은 한국인과 똑같을 수 없는 것과 같다. 독자가 중학교에서 영어를 배웠다면 영어 발음에 대해서는 조금이나마 알 수 있을 것이다. 그것에 기초하여 외국인이 발음하는 대로 그대로 따라하면 된다.

저절로 외국인과 같은 발음, 저절로 외국인과 같은 속도

그러한 "따라하기"가 3단계까지 반복되는 과정을 통하여 저절로 외국인과 같은 발음을 하게 되고 저절로 외국인과 같은 속도로 영어를 하게 되는 것이 SR외국어학습법의 특별한 장점이다. 그러므로, 이 책에서 알려주는 바와 같이 "연음이나 생략되는 발음 등" 외국어 발음에 있어서 나타나는 어려움을 자연스럽게 극복해 나가게 되어 있다. 독자가 그것을 실감하려면 우선 3단계를 실천하고 나야 그것을 인정하게 될 것이다. 아무 염려하지 마시고 이 책에서 하라는 대로만 실천하기 바란다. 걱정하는 "발음" 문제는 별 어려움 없이 해결될 것이다. 정, 불안하다면 외국어 교재를 파는 곳에 가서 발음에 관련된 간단한 교재와 테이프를 구하여 연습하는 것도 하나의 방법이 될 것이다만, 그리 큰 문제는 아니라고 생각한다.

영어교재 중에 책 한권과 테이프 2~3개 있는 것은 아주 제한적인 영어실력을 길러줄 뿐 충분한 실력을 기르는 데는 턱없이 부족한 것이다. 따라서, 특별한 상황을 급하게 준비하는 단순한 경우에만 조금 도움이 될 뿐이고 별 의미가 없는 학습이다. 나는 이러한 학습은 결코 권하지 않는다. 이것 조금, 저것 조금, 맨날 이런 식으로 하다가 나이만 먹는 것이 대부분의 현실이다. 제대로 된 학습교재를 집중적으로 편안한 마음으로 학습하되 중지하지 않는 것이 SR외국어학습법이다. 물이 흐르듯이 즐기면서 편안하게 학습하되 목적지에 결국 도착하는 방법으로 학습해야 한다.

a moment

교재에 대해 재차 말하고자 한다. 교재선정기준은 "한국인 해설이 있는 것, 자기 실력보다 좀 쉬운 것, 테이프는 30개 정도는 되어야 한다는 것" 등이다. 추천교재에는 민병철 선생과 조화유 선생의 교재가 있는데 교재출판사의 정책이 변경되고 소비자들이 간단한 교재만을 원하고 있어 요즘에는 10~20개 정도의 간단한 교재형태로 나오는 예가 대부분이라고 한다. 그러다 보니 복습용 테이프가 없는 경우도 있다. 그렇다면, 그 테이프로 독자가 스스로 복습용 테이프를 편집하여 만들어 학습하면 두고두고 유익할 수 있다. 처음에 한번 복습용 테이프를 편집하는 수고를 해야 한다는 번거로움이 있지만, 복습용 테이프를 만드는 작업을 하는 것 자체가 학습이 되므로 좀 번거롭지만 해볼 만한 작업이다. 복습용 테이프를 만드는 방법은 요즘의 대부분의 오디오들이 더블데크 장치가 있어 한 데크(테이프를 넣는 곳)에서 테이프를 돌리면 다른 데크에서 그것을 녹음할 수 있도록 되어 있다. 그러한 장치가 없다면 녹음기 두 대를 가지고 한 쪽에서 "Play"하면 그 내용을 다른 녹음기에서 녹음하면 된다. 남의 테이프를 복사하여 상업용으로 판매하는 것은 저작권법에 저촉되지만 자기 스스로 학습용으로 녹음하는 것은 문제가 안 되는 것으로 알고 있다.

저작권법에 저촉되는 여부는 독자가 다시 한 번 확인한 후에 법적인 문제가 없도록 해야 한다. 복습용 테이프를 완성해서 활용한다면 3단계의 놀라운 학습효과를 올릴 수 있으며 결국 영어회화에서 남보다 더 뛰어난 경쟁력을 확보할 것이다. 큰 서점이나 외국어교재 전문점, 중고교재 전문점에 가보면 그 기준에 맞는 교재를 발견할 수 있을 것이다. 교재를 발간하는 회사들이 여러 형태로 발간하기에 그 기준을 정한 것에 맞는 것만을 확실히 구해야 한다. 테이프는 보통 30개 내외로 이루어진 것을 선택해야 풍부한 내용으로 학습할 수 있다. 요즘, 인스탄트 식품이 범람하듯이 간단하게 제작된 교재들이 많이 있는데 이러한 교재를 통해서는 허기진 학습의 갈망을 채울 수가 없다. 당연히 실력도 제대로 확보할 수가 없다. 그러므로 서점에서 그 내용을 확실히 확인하고 구입해야 한다. 그동안 환경의 변화로 말미암아 많은 교재 출판사들이 새로운 교재를 내놓고 있으므로 과거의 교재를 특정하여 소개하는 것은 그리 의미가 없다. 다만, 그 교재들의 선택기준과 내용의 기준을 적용하면 최근에 나오는 교재 중에서 좋은 교재를 선택할 수 있을 것이다.

3단계가 학습의 꽃

SR외국어학습법에서는 3단계가 학습의 꽃이며 가장 효과가 발휘되는 단계이다. 이 단계를 마치면 보통의 경우 잠꼬대도 영어로 하게 될 정도가 된다. 사람마다 학습 효과가 다르지만 좀더 실력이 높아지기를 바랄 때는 테이프를 3단계 방식으로만 추가로 더 들으면 된다. 3단계는 놀라운 학습효과와 더불어 영어로 말하는 속도도 빨라져 외국인과 영어로 회화하면 외국인도 놀라는 유창한 상태로 변하게 된다.

중요한 것은 초심을 잃지 않고 지속하는 것이다. 3단계가 다 끝날 무렵에는 상당히 자신감이 생기고 외국인을 만나도 그리 두렵지 않을 것이다. 사실, 외국어 회화는 어려운 것이지만 어느 수준에 올라서기가 어려운 것이지 그 수준에 도달하면 '수준'이라는 개념이 의미가 없다. 우리 한국 사람이 한국어를 잘 구사한다고 할 때, 중학생과 대학생이 한국말을 하는 점에서 큰 차이가 있는가? 그러므로, 일반적인 수준에 이르기 위하여는 기본적으로 3단계까지 하면 된다. 하지만 좀더 확고하고 평생의 실력으로 승화시키기 위해서는 지금 학습하는 테이프를 3단계 방식으로 3단계를 완료한 후에도 30번 정도 추가하여 학습하면 확고한 실력 향상이 이루어질 것이다. 이것은 절대로 낭비가 아니다. 이것은 좀더 뛰어난 영어실력을 갖추는 데 매우 중요한 정보이므로 꼭 실천하기 바란다. 그래야 외국에 나가서 어떠한 대화를 하더라도 더 풍부하고 자신감이 있고 유창하게 영어실력을 구사하게 될 것이다.

SR 3단계 노하우 다시 살펴보기 》》》

이제는 3단계로서 끝마무리이다. 테이프 내용이 뇌에 새겨져 첫마디 들으면 끝마디까지 줄줄 따라할 수 있다. 발음도 좋아져 버터냄새가 솔솔 난다. 외국인이 말하는 문장이 콩글리쉬가 아니라 잉글리쉬라는 확신! 어떤 외국인에게 그 문장을 말해도 모범적 잉글리쉬를 한다는 확신감이다. 3단계 마무리만 하면 평생토록 독자는 영어 걱정 할 이유가 없다! 3단계 마무리로 들어간다. 독자는 경쾌한 스피드를 만끽하는 '가속도의 진실' 을 경험한다.

고수들의 신나는 게임

테이프가 모두 40개 정도라면 마지막 3개 정도는 복습용이다. 해설 없이 본문만 외국인이 스피킹하여 전체 교재 본문이 수록되어 있다. 외국인 스피커가 첫단어만 발음해도 다음 단어가 무엇인지를 안다. 고로, 외국인과 같은 속도로 소리내어 따라갈 수 있다. 3단계는 간단하다. 간단하지만 엄청 중요하며 실력이 쑥쑥 는다! 외국인 스피커를 따라서 '절대적으로 소리내어' 발음한다. 해설이 없기에 2단계에서 한 과를 나아가는 것보다 10배는 빠르다. 테이프 3개 정도의 전체 본문을 들으며 따라하면 전체를 하루에 마스터한다.

속도가 10배로

2단계를 마칠 때까지는 본문을 10번 반복하였다. 테이프가 40개라면 하루 3개씩 들을 때 약 13일, 10번이면 130일 즉 4개월10일이다. 3단계는 외국인 스피킹을 따라 전체 본문을 하루면 끝낸다. 그러기를 20번 즉 20일간 시행하면, 3단계에서 전체 본문을 20번 반복하므로 총 30번

전체 본문 복습을 한 셈이 된다. 3단계를 마치는 데 하루 3개를 들으면 5개월 정도면 된다. 단 5개월만에 자유로 해방되어 영어를 독자의 종으로 부린다! 독자는 3단계를 한 달에 한 번만 하면 평생 그 실력을 유지할 수 있다. 본토 외국인 발음을 그대로 본문 전체를 30번 반복한 것은 엄청난 위업이다. 재래식 학습자는 죽었다 깨어나도 못 한다. 심리적으로 불가능! 이제부터는 자유자재하는 상태에서 영어실력을 배가할 수 있다. 독자는 재래식으로는 못할 위업을 달성한 '초인', '천재'로 변신해 있다. 좀더 높은 상태로 오르려면 교재를 좀더 수준 높은 것만 선정하면 된다. 이제 잠재의식에 수십 번 반복하여 새긴 내용 때문에 잠꼬대를 영어로 한다. SR외국어학습법은 반복학습으로 의식과 잠재의식에 새겨지게 되어 있다.

몇 백점은 따 놓은 당상

그 대상이 TOEIC이든, TOEFL이든 거침없이 정복할 능력이 갖춰졌다. 점수로 몇 백점 더 올리는 것은 따 놓은 당상이다! 지금보다 쑥쑥 실력이 불어나고, 외국인에게 주눅드는 버릇도 없어진다. 주의! 관성의 법칙, 무서운 습관이 독자를 유혹할 것이다. 교재를 새로 시작할 때, SR외국어학습법을 외워서 하지 말고 이 책을 다시 보라.

일본어를 경험한 이야기

Lesson 9

Lesson 9

일본어를 시작하는 사람들은 보통 쉽다고 느낄 것이다. 어느 한 편으로는 일리가 있는 말이다. 문법, 어순, 단어들이 우리말과 비슷하고 해서 우선 좋은 먹이감을 만난 듯한 기분을 느낀다. 그러나 일본어를 쉽다고 말하는 사람은 둘 중의 한 사람이라고 생각된다. 한 사람은 일본어를 매우 잘하기 때문에 쉽다는 사람이고, 다른 쪽의 사람은 아직 일본어의 어려운 면들을 모르기 때문이 아닌가 한다.

멀리 하기에는 너무나 가까운 이웃

하여튼, 일본은 선진국 중의 한 나라이면서 가장 가까운 외국이기에 멀리 하기에는 너무나 가까운 이웃임을 부인할 수 없다. 한국인의 성씨는 몇 백개인데 비해 일본인의 성씨는 약 20만개이고, 발음은 음독과 훈독이 있고, 음독과 훈독은 경우에 따라서 그 발음이 달라지기도 한다. 예를 들어, 날 生의 경우는 음독의 경우는 4가지 발음으로, 훈독의 경우는 13가지의 발음으로 각각의 경우마다 달라질 수가 있으므로 학습하면 할수록 어렵다는 것도 사실이다.

하여튼, 나는 SR외국어학습법을 활용하여 일본어를 학습하였다. 얼마 안 되는 기간에 나름대로 일본어 실력을 궤도에 올려놓는데 성공한 나는 서울대 어학연구소의 어학고시에서 기분좋게 1등을 하였고, 몇 달 뒤에 연수를 받기 위해 일본 도쿄에 도착하였다. SR외국어학습법으로 습득한 외국어능력이 해당 국가에서 정말 효력있는 실력으로 통하는지 나 자신 참으로 궁금하였다.

사실, 어학고시에 1등한 것이 무슨 큰 실력이라도 되는 것처럼 얘기한다면 그것은 '아니올시다' 이다. 국내에서 외국어시험에 높은 점수를 받은 사람이 외국에 처음 나가서는 말도 못 알아듣고, 스피킹도 못한다는 것은 거의 불보듯 뻔한 일이기 때문이다. 외국어는 상당한 기간을 체류하면서 귀와 말문이 서서히 터져 가는 것임을 여러 사람들의 경험을 들어와서 짐작하고 있었다. SR외국어학습법의 가장 큰 효과, 가장 큰 장점은 이 학습법을 거쳐서 실력을 획득한 자에게 자신감을 듬뿍 준다는 데 그 찬란함이 있는 것이다.

SR외국어학습법은 일본에도 효력 있나?

01

그러면, 내가 일본에서 과연 자신감을 가지고 당당하게 실력을 거침없이 발휘할 수 있느냐가 중요한 문제였다. 나와 함께 동행하여 일본에 간 직원은 부서가 다르지만 직급이 3단계나 아래인 직원인데 워낙 일본어 실력이 출중하여 동행 연수자로 간 직원이었다. 이 부하직원은 자기가 나보다 훨씬 일본어 실력이 있다고 생각한 것 같다. 그래서인지 연수기관의 일본직원들을 만날 때마다 상사인 나를 제쳐놓고 자기가 다 일본어로 말을 독차지하는 것이었다. 아마 이 부하직원은 자기의 일본어 실력이 뛰어나다는 것을 자신하고 있었기 때문에 그리한 것 같았다. 그런데 연수를 받다보니 듣기만 하는 것이 아니라 연수생들이 질문도 하고 여러 문제들에 대해서 말하는 기회가 자꾸 생겼다. 이미 말했듯이 나는 SR외국어학습법으로 자신감이 든든한 사람이 아니던가?

02

빠른 스피킹은 중요하다

나는 그런 기회를 잡고 말의 속도를 좀 빨리하여 몇 분간 일본말로 쉴 틈없이 나의 의견을 발표했다. (SR외국어학습법에서 외국인 스피커의 말하는 것을 거의 같은 속도로 따라 하라고 여러 번 지적했음을 기억할 것이다. 외국어를 잘 하려면 말하는 속도가 우리 한국어 보다 훨씬 빨라야 한다는 사실을 유념하시라. 특히 미국 등 영어 사용지역, 불어 사용지역, 스페인어 사용지역 등 서구 사회의 사람들은 말하는 속도가 우리보다 훨씬 빠르다. 유창한 외국어 구사능력을 갖추려면 스피킹 속도가 한국말보다 한결 빨리 하도록 부단한 노력을 해야 하는데, SR외국어학습법은 외국인 스피커의 속도에 보조를 맞추기 때문에 자동적으로 좋은 연습효과가 있는 것이다.)

옆에 있던 이 부하직원의 표정! 이제부터는 입지가 완전히 달라지는 순간이었다. 그 후로는 어느 장소에서든 일본측 인사들과 만날 때 나의 순진한 부하는 모든 발언권을 나에게 양도하는 것이었다.

오사카에서의 대화 03

장소를 오사카로 옮겨 연수를 받던 중에 일본측에서 "오늘 점심은 좀 높은 분이 사시겠다"고 알려 왔다. 음식점은 교토(교토는 메이지 유신 때 즉 1869년에 도쿄가 수도로 되기 전까지 약 일천년간 일본의 수도였다. 옛날에 천황과 귀족들이 살던 도시답게 유적들도 많고 나름대로의 문화가 간직되어 온 도시이다. 오사카에서 멀지 않아 자주 찾아 갔던 도시였다.)의 전통음식을 잘 한다는 음식점이라나?

하여튼 대접을 해 주시는 상대방 주인격인 은행 상무이사께서는 우리가 한국인임을 생각하고 일본어에 서툴다고 생각해서인지 별반 말씀이 없기에, 내가 말문을 트기 시작했다. 나의 발언내용은, 일본에 와 보니 '코마'('코마'는 '高麗'라는 말의 일본어 발음으로서 일본에서 '고려'는 고구려를 지칭한다.) 지명이 여러 군데 있는데 고대의 일본국이 고구려와 어떤 밀접한 관계가 있는 것이 아니냐? 그리고 고구려의 유민들이 일본 땅으로 많이 이주해 온 것이 아닌가? 백제도 고대 일본국과 많은 교류가 있었겠지만 오히려 신라와 고구려가 더 많은 관계가 있었던 것이 아니냐? 그리고 일본에 와서 일본말의 억양을 들으면 한국의 경상도 방언을 듣는 것 같다. (사실, 일본어는 억양이 고저 억양으로서 경상도 사투리가 고저 억양임과 일치한다.) 그 밖에 역사적인 사실들을 언급하면서 양국관계에서 민감한 부분은 피하며 공감적인 얘기를 꽤 많이 했다. 상대방인 상무이사는 우리가 처음 일본에 온 한국 사람들이라고 들었다면서 어떻게 일본에 처음 왔는데 그처럼 말을 잘하느냐고 쑥스런 칭찬을 해 주는 것이었다. 하여튼, 우리는 그 이후의 일정에서도 여러모로 일본측의 호의적인 배려를 많이 받게 되었다.

평범한 사람이 천재로 둔갑?

04

일본에 체류하는 동안 많은 인사들과 개인적으로도 만나서 많은 이야기를 나누었다. 그들 대다수가 나의 외국어 실력 즉 영어, 프랑스어, 그리고 일본어 실력에 놀라면서 몇몇 분은 내가 "천재"라는 말도 덧붙여 주었다. 평범한 능력의 직장인이 직장일을 마치고 근근히 노력한 것이 그들도 놀라는 "천재"로 둔갑해 있었으니 말이다. 내가 자화자찬을 하려는 것이 아니다. 단지 SR외국어학습법으로 학습한 나는 자신감이 넘치는 큰 장점을 소유하게 된 것이고, 이러한 자신감이 실제로 외국인들과의 대화에서 큰 효과를 나타낼 수 있다는 것을 강조하고자 하는 것이다.

일본어를 처음 시작하는 분은 우선, 일본어 히라가나와 가타가나를 한글의 가나다라를 읽을 수 있듯이 읽을 수 있게 될 때까지 혼자서 눈으로 익히기 바란다. 일본어를 글로 써야하는 사람은 철자대로 쓰는 연습을 하면 된다. 하루 정도면 어느 정도 눈에 익게 된다. 익숙해지기에 어려움이 있으면 1~2일 정도 더 익히면 될 것이다. 익힌 일본어 철자를 바탕으로 일본어 문장을 테이프를 들으면서 따라가면 큰 문제는 없다. 하지만 독자에 따라 학습 습관이 다르기 때문에 SR외국어학습법에 익숙해지는데 걸리는 시간도 각각 다를 수 있다. 1단계에서 교재를 보면서 테이프를 따라가기가 어렵다면 어려움이 없을 때까지 몇 번 더 1단계 학습을 하기 바란다. 그리고 이제 교재를 보지 않아도 테이프를 따라갈 수 있게 되었을 때 2단계로 진입하면 된다. 교재를 보면서 1단계를 진행하기 때문에 해석도 보게 되는 것이다.

어려운 한자 발음문제 05

여러해 전에, 일본수상 '가이후'가 취임한 지 얼마 안 되었을 때였다. 어느 신문기자가 길에서 행인에게 수상의 이름을 물어보았는데, '가이베'라고 대답하였다고 하니 한자의 발음문제는 일본인 자신들도 항상 어려운 것인가보다.

한국어 단어는 70~80%가, 일본어 단어는 50% 정도가 한자어라는 통계이다. 한글은 많은 발음이 가능한 언어이지만 일본어는 발음의 수가 적다. 일본어는 발음의 수는 적지만 하나의 한자를 여러 가지 방법으로 읽음으로써 그 의미를 구별한다. 가령 '生'이라는 글자는 '우' '이' '하' '기' '쇼오' '나마' 등 10여 가지로 읽는다. 그러나 발음의 종류가 적다보니 같은 발음의 다른 글자가 많다. 汽車, 記者, 貴社를 모두 '기샤'로 읽는 것이다. 한국어와 발음의 폭에서 차이가 두드러진다. 이러한 차이가 있음에도 한국어와 일본어의 문법이 상당히 비슷하다는 것은 의미가 있는 것 같다. 같은 한자어라도 한국어와 일본어에서는 그 뜻이 다른 경우가 많다. 예를 들어, '姦'이라는 글자는 한국어는 '간사할 간' 또는 '간음할 간'으로 주로 '姦淫'이라는 단어에 쓰인다. 남녀간의 불륜의 행위를 말하는 뜻이다. 일본어로 '姦'이란 '시끄럽다, 떠들썩하다'라는 뜻인데 이는 여자가 셋이 모여 수다를 떨기 때문인지도 모른다. 일본에서는 한국에서 범죄로 처벌받는 간통죄가 없어졌다.

맥주가 피임약으로 변하나?

발음을 말하다보니, 다른 예를 들어보기로 한다. 일본에서 맥주를 'ビール'라고 발음한다. 영어의 'beer'를 그렇게 발음하는 것이다. 그런데 이 단어를 강하고 짧게 발음하여 'ピル주세요'라고 말하면 어떤 일이 벌어질까? 고지식한 술집 직원이라면 뛰어나가 약국에 가서 '피임약'을 사와서 내밀 것이다. 영어의 '피임약'을 가리키는 단어 'pill'을 일본어로 'ピル'로 발음하기 때문이다. 이에 비하면 한국어로 외국어를 발음하는 것이 얼마나 다양하며 정확한 발음이 가능한지 알 수 있다. 일본인은 姓의 수가 약 20만 개나 된다고 한다. (최근에는 30만 개라는 통계가 나왔다고 한다.) 이렇게 많은 성씨를 가지고 있기에 일본인들도 사실상 정확하게 타인의 성씨를 발음하지 못하는 경우가 많다는 사실이다. 그러므로 명함에 씌어진 한자를 보고 지레짐작으로 그 성씨를 발음하다가는 실수하기 쉽다. 지방마다 독특하게 읽기 때문에 명함에 씌어진 한자를 보고 정확하게 읽기는 어렵다. 본인에게 그 발음을 정확하게 물어본 후에 제대로 발음하는 것이 실수하지 않는 방법이다.

일본에서 사용하는 한자는 1981년에 정부에서 '상용한자표' 로 1945자를 공포하여 한자의 자수를 제한하여 사용하고 있다. 이 상용한자는 법령, 공용문, 신문, 방송 등 공적인 자리에서 사용하는 한자 일람표이다. 또한, '인명용 한자' 로서 인정하고 있는 284자가 있다. 이러한 제한은 공적인 자리에서의 제한이고 컴퓨터의 보급으로 사용 한자수는 점점 증가하고 있다. 일본에서 실제적으로 사용되고 있는 한자의 수는 일본공업규격의 정보 교환용 한자 부호표인 'JIS한자' 로 6,877자가 제정되어 있고, 일상생활을 하는 데 필요한 한자의 수는 약 4,000자 정도로 알려져 있다.

06

일본어의 경어

일본어의 경어는 상대(相對) 경어라 한다. 이는 상대(듣는 자)에 의해서 누구에게 경의를 표하는가가 정해지는 것이다. 예를 들면, 자기 아버지와 직접 대면해서 말할 때에는 "아버님이…하십니까?" 하고 존경어를 쓸 수 있다. 가정 내에서 자식들이 부모를 "아버님, 어머님"이라고 부를 수 있다. 그러나 다른 사람 앞에서 자기 부모에 대해 말할 때에는 "아버님이… 하십니다"가 아니라 "아버지가… 합니다"라고 낮추어 표현해야 한다. 이러한 표현은 회사에서도 마찬가지이다. 자기 회사의 사장에 대하여 다른 회사의 사람이 물어올 경우, 사장의 이름이 '스즈끼' 라는 성을 가지고 있다고 하면, "스즈끼 사장님은 출장가셨습니다."라고 하지 않는다. 자기 사장을 낮추어 "스즈끼는 출장갔습니다."라고 말해야 하는 것이다. 이와는 달리, 사장 부인이 전화를 하여 사장의 행선지에 관하서 물었을 때는, "스즈끼는… 했습니다."라고 말해서는 안 된다. 이 경우에는 "스즈끼 사장님은… 했습니다."라고 말해야 하는 것이다. 즉, 말하고 있는 상대가 누구인지 판단하여 경어를 쓸 것인지, 낮춤말을 쓸 것인지를 판단해야 한다.

이에 반하여 우리말은 절대(絕對) 경어이다. 절대 경어는 자기보다 손위 사람일 때는 상대(듣는 자)가 누구이든 경어를 사용한다. 예를 들면, 부모는 손윗사람이므로 상대가 누구이든 간에 경어를 사용한다. 부모가 아니라 자기 부하에 대해서 말할 때에는 상대가 누구이든지 낮춤말을 사용하여 부하에 대한 표현을 하는 것이다. 이런 면에서 한국어 경어가 일본어보다 훨씬 단순하며 쉽다. 일본어가 어려운 점은 바로 경어의 표현이 상대 경어라는 점이다. 그래서, 복잡하고 많은 생각을 해야 정확한 일본어 구사가 가능할 수 있다.

07 금기어

일본어에는 금기어(禁忌語)가 많다. 태풍이나 지진 등 자연재해가 많은 나라이기에 불길한 것을 극력 피하려는 경향이 역사적으로 누적되어 왔기 때문인 것 같다. 일본어에서 '死ぬ'를 'なくなる'한다. 결혼식 등과 같이 축하하는 자리에서 '나간다'라는 말을 피한다. 아마도 '복이 나간다'라는 것을 연상되기 때문인 것 같다. 또한 결혼식에서는 '잘라지다', '이별하다', '끝나다', '사라지다'라는 말 등의 단어는 극력 피한다. 결혼의 '불행'을 연상시키는 단어들이기 때문인 것 같다. 그러한 금기가 있기에 결혼식을 폐회할 때도 "시작됩니다"라고 말한다. 아마도 "폐회합니다"라는 말이 "끝납니다"라는 말이 되기에 불길한 금기 단어와 비슷하기 때문일 것이다. '배(梨)'를 일본어로 '나시'라고 하는데 이는 '없음'과 같은 발음이기에 상인들 사이에서는 다른 말로 부른다. 이 밖에 금기어는 일본어에 많다. 그러므로, 여러 사람들이 모인 장소에서 말할 때나 축사를 하게 될 때에는 금기어를 사용하지 않도록 미리 원고를 작성하고 그대로만 말해야 실수가 없을 듯 하다.

'로마에 가면 로마법을 따라야 한다'는 격언대로, 미신이 많은 지역에서 생활하려면 그 지역사람들에게 거부 반응을 일으키는 말은 신중하게 피해야 원만하게 살아갈 수 있을 것이다. 그것이 어렵다면 입을 꾹 다물고 침묵하는 것이 가장 좋은 방법일 수도 있다. "침묵이 금이다"라는 속담은 바로 일본에서 매우 유용한 가치를 발휘하게 될 것 같다. 성질이 급하고 눈치가 없는 사람은 살기가 엄청 어려운 것이 일본인지도 모르겠다. 거기에 무식까지 겸한다면 말이다.

a moment

일본어가 한국어로부터 유래되었나?

메이지 유신 이후 일본은 모든 전통절기를 양력으로 바꾸었다. 일본어를 공부하면 할수록 일본어 단어와 한국어 단어가 비슷한 말이 매우 많다는 것을 느낀다. 일본어 연구가들의 연구자료들을 참고해 보면 그러한 사례를 매우 많음을 알 수 있다. 일본말 '히'日은 우리말 '해'에서 유래한다. 이는 영국의 애스턴, 일본의 가나자와, 하토리, 오노 스즈므 등 저명학자들의 연구에 의해 주장되고 있다. 한국의 김사엽, 서정범, 재미학자 박병식, 이영희, 부지영 등이 연구한 결과이다. 특히 조선일보 기자였던 부지영의 연구내용을 필자는 많이 참고하였다. '태양'을 뜻하는 고대 한국어인 '하라'에서 '해'가 파생되어 일본어 '히'가 된 것이다. 아침을 의미하는 일본어 '아사'는 단군이 고조선을 건국하고 아사달에 도읍했다는 기록이 있는데 '아침'—아삼—아사로 변형된 것이다. 이를 근거로 보면 일본어 '아사히' 란 '아침해' 라고 말할 수 있다. 일본의 유명한 회사로 '히타치' 가 있다. '히타치' 는 '해돋이' 가 변형된 것으로 보는 학자들이 있다. 일본어에서 시골을 의미하는 마을 '리' 里는 '사토' 라고 하는데 이는 '사투' 라는 한국말이 기원이라고 한다. 연구자들은 한글의 ㄹ받침은 일본어에서 '츠' 로 바뀐다는 것을 주장하고 있다. 그래서, '시미즈' 는 한글 ' 샘물 '에서 비롯되었다는 것이다. 물–무츠–무즈–미즈로 된 것이다. '스미토모' 는 삶–사무, 숨–스무–스미로 변형되었을 것이다. '삶동무' 는 '숨동무' 가 되고, 스미토모가 되는 것이다. 동무–두모–도모가 된다. 한글의 '가람' 은 가라무–가라–가와로 된 것이다. 옛 고구려 유민들이 많이 넘어온 땅이 바로 일본이라는 점이다. 남쪽의 오키나와 고유어와 북쪽 홋카이도에 사는 아이누족의 고유어는 아예 어족자체가 틀릴 정도로 일본어와 다른 말이다. 서울은 신라어 '서라벌' 의 변형이다. 제주도 방언인 '감수광' 은 '가십니까' 라는 말이다. 이 말이 '감수까' 즉 '가무스까' 로 되는데 이는 일본어 '이키마스까' 와 비슷하다. '마스까' 는 동일하다. '마스' 는 일본어의 '입니다' 인데 이는 제주도말의 일본식 방언이라는 것이다. 일본어 '이랏샤이마세' 는 우리말 '이르심' 과 제주도에서 '하세요', 혹은 '하십니까' 라는 뜻의 '마시' 혹은 '마슴' 에서 비롯된 것으로 추정한다.

일본어 '이이쟈나이' 에서 '쟈나이' 는 우리말 '…잖아' 와 매우 비슷하다. 에도 시대인 1717년 '아라이' 라는 학자가 양국 언어를 비교했고 한국어와 일본어가 같은 뿌리를 갖고 있다는 소위 '동계설(同系說)' 은 1781년 후지하라의 책에서도 나온다. 1910년에는 '가나자와 소자부로'의 '한일 양국어 동계론'이라는 논문이 나왔다. 오노 스즈므 학습원대 교수가 1952년, 1973년에 발표한 '한국어와 일본어와의 어휘비교에 대한 소견'이라는 논문이 있다. 그의 주장에 의하면 일본어와 한국어가 같은 우랄-알타이어계라는 것이다. 일본어가 한국어에서 변화한 사례를 그는 들고 있는데, 한국어 '밭'은 파타-하타로 변했고, '칼'은 카리로 되었다. 또한 '벌'은 헐-허라-하라로 변화되었다. 한국어 '바르다'는 '하루'로 된다. 한국어 '거북'은 가부-가무-가모이다. 한국어 '게'는 거이-가이-가니로 변화가 더 많다. 한국어 '여름'은 녀름-녀츰-녀츠--나츠로 변했다. 한국어 '물'은 무즈-미즈로 변했고, '눈물'은 나마즈-나미로 되었다. 한국어 '너'는 오너-오노로 되었고, '날'은 이달-이드-이즈 등으로 변했다는 것이다.

일본지명이 한국어에서 나왔나?

일왕의 궁성에는 '高麗'라는 단어가 비석에 적혀 있다. 규슈의 가고시마에 가면 일본 천황이 김씨 후손임을 말하는 증거들이 있다. 규슈에는 가야 김수로왕의 7왕자가 일본에 도래하여 나라를 다스렸다는 전설이 있다. 규슈지방에는 단군신앙이 존재한다. 일본의 '구시키노'라는 지명은 한국어로 말하면 '꼬치나무가 많이 나는 곳'이라는 뜻으로 '꼬치나무들'을 의미한다고 한다. 한국어 '꼬치'가 쿠시로, 나무의 옛말인 한국어 '남간'이 '기'로 되었고 한국어 '들'이 '노'로 변한 것이다. 일본의 居世에 있는 居世신사는 박혁거세에서 비롯된 것으로 학자들은 본다. 일본의 학계에서도 '일왕이 한반도 도래인의 자손'임을 인정하는 학자들이 있다. 한국어 '홑째'는 일논어로 호토재가 되었고 이것이 '히토츠'로 다시 변화되었다고 한다. 그러므르 일본어 '히토츠바시'는 우리말 '홑다리'가 변형된 것이다. 한국어 '꼭대기'는 '대기'로 되었다가 다시 '타케'로 되었다. 한국어 '섬'은 '심'이 되었고 다시 일본어 '시마'로 되었다. 도시바는 東과 시바의 결합어인데 한국어 '숲'이 '섭'이 되어 다시 '시바'가 된 것이다. 빛을 말하는 일본어 '히까리'는 한국어 '빛깔'에서 비롯되었다는 학자들의 주장이 있다.

일본 다카야마 히다의 토속된장은 우리의 해안지방과 남도에서 담그는 토속된장과 똑같다고 한다. 일본의 '히다'산맥의 '히다'(飛)는 한국어 '희다'의 사투리에서 비롯된 것으로 보인다. 일본어 '다마네기'의 네기'는 한국어 '냉이'에서 비롯된 것이다. 일본의 초밥 '스시'는 한국어 '젓'에서 비롯되었는데 본래 일본의 스시는 초를 쓰지 않는 발효식품으로 젓갈류였다. 한국어 '젓'이 '저시'가 되었고 다시 '스시'로 된 것이다. 메밀국수인 일본어 '소바'는 한국어 좁쌀에서 유래된 것으로 한국어 '좁'이 '솝'으로 다시 변하여 '소바'로 되었다. '야마'는 한국지명이었다고 한다. 일본어 '토'는 '모토'라는 말로 풀 수 있다. 일본어 '모토'는 한국어 '밑'이 '모토'로 된 것으로 '야마토'는 '산밑마을', '해뜨는 하늘밑 마을'이라는 고대 한국어의 일본 사투리가 된 것이다. 이는 서라벌이 서울로 된 것과 같다.

일본인의 태반이 한국인에서?

일경련의 나가노 전 회장은 "일본천황이 한국인이었다는 것은 지식인이라면 다 아는 사실입니다"라고 말했다. 고대에 일본은 한반도의 식민지와 같은 지역이었다. 북해도의 아이누족은 '오호츠크 문화'이며 오늘날의 일본 문화와는 다르다. 성덕태자는 백제인이었다는 사실, 옛날에 왜구들의 중요한 약탈목표 중의 하나는 한반도의 여인들이었다는 사실이었고 이들을 '고려미인'이라고 칭하였다는 점 등을 감안하면 현재 일본인들의 조상이 한반도에서 건너갔다는 것은 상당히 근거가 있는 것이다. 그러므로 일본어가 한국어와 비슷한 점이 곳곳에서 발견되는 것은 당연한 것이다.

일본어가 한국어에서 변했나?

일본어가 한국어의 영향을 받았다는 증거는 더 많이 있다. 일본어로 성(姓)을 '카바네'라고 한다. 카바네는 '겹네' 혹은 '꺼풀네'에서 일본어로 변신한 일본어라고 학자들은 추정한다. 일본에도 머리에 쓰는 관을 '카부리'라고 하는데 이는 한국어 '꺼풀'이 일본어화한 것으로 보인다. 한국어 '꺼풀'이 '꺼푸르'로 되었고, 다시 '카부르'로 되었다가 '카부리'로 되었다는 것이며 '카부리'는 관직을 나타내는 것인데 이것이 성(姓)이 된 것이다. 신하는 일본어로 아소미(朝臣)하고 한다. 이는 '아사(아침)미'에서 비롯된 것이며 '아사'와 '…하는 사람'이라는 뜻인 '…하는 이'가 결합된 것으로 보인다. 이는 '아침이'가 아사미–아소미로 된 것이다. 신하란 모름지기 아침 일찍 관청에 나아가 왕을 섬기는 일을 하는 사람이므로 그러한 명칭의 일본어로 발전한 것으로 추정되는 것이다. 씨(氏)는 일본어로 '우지'라고 한다. 이는 한국어 '우리'가 '우지'로 변화한 것으로 보인다. 학자들 중에는 한국어 '살붙이'가 '붙이'로 변하고 이것이 '우지'로 된 것이라고 주장하는 사람도 있다. 일본어 무레(群)는 한국어 '무리'에서 비롯된 것이다. 한국어 '무리'는 '무레'로 변화하였고 또 '부레'로 변화하였다가 결국 '베'(部)로 변한 것으로 추정하고 있다. 한국어의 황산벌과 같은 '벌'은 일본어에서 '헐'로 되었다가 결국 '하라'(原)가 되었다고 한다. 한국어 '닭'은 일본어 '도리'가 되었다. 한국어의 '마을'은 일본어로 '마라'로 변하였다가 결국 '무라'로 되었다. 이와 같이 한국어에서 유래한 일본어는 이외에도 엄청나게 많이 있음을 학자들은 주장하고 있는 것이다. 일본어가 쉽다는 것을 느끼는 것은 이러한 단어의 유사성이 도처에 느껴지고 있기 때문일 것이다. 일본어는 같은 발음의 히라카나를 입력해도 해당하는 한자가 너무 많아 한자를 입력하지 않으면 뜻이 통하지 않는 경우가 많다. 이러한 애로가 '배타적'인 언어공간을 창출하는 악순환으로 나아간다. 일본은 전체 국민의 영어실력이 낮다. 발음상의 문제가 있다. 또한 외래어 표기가 어렵다보니 외래어 표기를 간략화하는 경향이 있다. 너무 간략화된 일본식 외래어 사용이 문제가 된다. 일본어는 그래서 정보의 컴퓨터 언어화에서 매우 불리하다. 한국어가 정보화 시대에 매우 유리한 언어라는 것이 다시 확인되는 것이다.

...
Welcome to Tokyo

동경여대의 여학생

Lesson 10

01. 문화의 차이

02. 본토인 스피킹은 중요하다

03. 일본인의 신체적 언어

문화의 차이 01

일본의 문화와 한국의 문화의 차이는 여러 면에서 나타난다. 일본인은 노골적인 의사표현을 피하고 완곡하게 의사를 표현하기 때문에 한국인들은 그 진의를 파악하는 것에 종종 어려움을 느끼게 된다. 한국인이 일본인에게 어떤 부탁을 하는 경우에, 일본인이 "지금은 매우 바쁜 일이 있어 다음 기회에 하겠습니다."라고 대답하는 일이 있을 수 있다. 그러면 한국인은 "바쁜 일이 어느 때쯤 마칩니까?"라고 되묻는다. 그러면 일본인은 "아마, 당분간은 바쁠 것입니다."라고 대답한다. 이러한 대화인 경우, 일본인의 대답은 사실상 '거절의 뜻'을 나타내는 것이라고 보아야 한다. 그럼에도 직설적인 경향이 있는 한국인은 끈질기게 직접적인 '확실한 대답'을 요구하기도 하는 것이다. 일본 사회는 눈치를 많이 보는 사회이다. 일본인들은 그래서 매우 조심스럽게 처신하며 조심스럽게 언행을 한다. 이러한 일본인의 모습을 볼 때 직선적인 한국인의 성격으로서는 '표리가 부동하다'는 느낌을 갖게 되기도 한다. 이는 문화의 차이에서 오는 것이며 이러한 차이를 이해하면 그러한 오해도 생길 필요가 없을 것이다. 일본인과의 관계는 단기간에 이루어지기 어렵다. 시간을 두고 충분한 친분이 이루어지는 가운데에서 신뢰를 쌓아야 할 필요가 있다.

본토인 스피킹은 중요하다 02

내가 도쿄에서 연수받는 기간 중에 있던 일이다. 당시 목요일 밤에는 일본인 지인들과 회합이 있었는데, 모임이 끝나는 시간은 보통 밤 9시반 이후가 되었다. 숙소로 돌아오기 위해서는 동경여대 근처의 버스정류장에서 버스를 타고 신주쿠역까지 오고, 신주쿠역에서 전철을 타고 몇 역을 거쳐야 나의 숙소에 도착된다. 나의 기억으로는 동경여대에는 부속대학병원이 있었던 것 같다. 내가 매주 목요일 숙소로 돌아오는 버스를 타려고 정류장에서 기다리면 20대 여성 두서명이 나타나 결국 같은 버스를 타고 똑 같이 신주쿠역에서 내리는 일이 몇 주간 반복되었다. 그들은 아마도 동경여대 의대생들이 아니었나 생각된다. SR외국어학습법을 거쳐 외국어를 습득한 사람의 장점이 무엇이라고요? 하여튼, 이 장점 즉 외국인을 두려워하지 않는 경향은 또 버스간에서도 나타난다. 일부러 옆에 앉아 있는 여성들에게 말을 걸어 본다. 일본여성 특유의 친절한 대꾸, 자꾸만 대화는 또 이어진다.

외국어학습에서 스피킹은 반드시 어떤 스피킹을 선택해야 한다구 말했던가요? 본토 외국인의 스피킹이 절대적 요건이다. 왜냐하면 본토 외국인의 스피킹을 들을 때 우리의 마음은 장벽을 헐어버리고 신뢰감을 가지고 스피킹을 받아들인다. 확신을 주는 스피킹이 우리의 뇌 속에 한 줄, 한 줄씩 그어 질 때 마다 우리의 외국어 실력은 자신도 모르게 쌓여 가는 것이다. 그러나 스피커가 본토 외국인이 아니고 우리 한국 사람이면 우리의 마음속에서는 혹시 저 발음이 틀릴 수도 있을 가능성을 염두에 두면서 듣는다. 그 때문에 마음의 장벽도 굳건히 쳐져 있게 된다. 그래서 우리가 받아들이는 한국인 스피커의 스피킹 내용은 우리의 뇌 속에 제대로 확실히 선을 그을 수가 없다.

우리가 확신을 가지지 못하는 정보는 우리의 뇌에서도 "선택적 지각현상(選擇的 知覺現象)"을 통해서 받아들이는 지각정보로서 아주 미약한 힘 밖에 없는 것이다. 그러나 해설자의 해설은 한국인의 해설이 오히려 더 좋은 효과를 낼 수 있다.

a moment

사람에게는 의식의 세계와 알지 못하는 잠재의식의 세계가 있다. 사람은 정보 처리능력에 한계가 있어서 모든 것을 다 보고 들을 수 없다. 사실 시끄러운 모임 장소나 공사장에서 대화가 가능한 것도 정보를 선택적으로 받아들여 처리하기 때문이다. 자신에게 의미 있는 정보만을 선택적으로 받아들이는 '선택적 지각' 현상을 '칵테일 파티 효과' 라고도 부른다. 소란스런 칵테일 파티장에서 자기 이름을 부르는 소리가 희미하게나마 들리면 돌아보게 되는 것도 일종의 선택적 지각 현상인 것이다. 우리는 우리와 관련된 것만을 우선적으로 지각한다. 그리고 자신의 경험이나 신념에 맞게 감각기관을 통하여 자극을 받아드리고 이를 해석하고 저장한다. 인간은 자극을 선택적으로 주의하고 선택적으로 해석하고 선택적으로 보유한다.

이를 선택적 지각(selective perception), 선택적 해석(selective interpretation), 선택적 보유(selective retention)를 한다. 우리는 자기욕구와 그 자극을 해석한다. 기존의 신념과 가치에 적합한 것만 기억해둔다. 어차피 해설, 해석은 우리의 뇌의 언어해독과정에서 모국어인 한국어라는 중추해석장치를 통하여 이해되기 때문에 한국어 해설이 더 효과가 뚜렷하게 되는 것이다.

말하다 보니, 동경여대근처에서 함께 버스에 탄 여성들은 어디에 갔지?

아, 아직도 나하고 회화 중에 있다. 나는 일부러 노약자석에 앉아본다. 어차피 승객은 나를 포함해서 서너 명뿐이니 텅텅 빈 좌석 중 어디에 앉는 들 무슨 상관이랴. 웬걸. 친절 그 자체이던 여성의 분명한 지적이 나온다. "그 자리는 앉으시면 안돼요. 다른 자리로 옮겨서 앉으셔야 합니다." 나는 속으로 '그래 이 아가씨야. 안다 알

아. 네 반응이 어떤지 일본인들의 노약자석에 대한 태도가 과연 어떤지 테스트해 본 거야' 라고 말하면서, 짐짓 놀라는 양으로 "아 그렇사옵니까? 몰랐습니다. 즉각 자리를 옮기겠습니다"라고 말한다. 일본인들의 공공의식은 특히 대도시에서는 우리 한국보다 높은 것이 사실이다.

외국어 학습은 언어만이 아니라 문화의 학습

일본인들의 문화와 우리의 문화는 차이가 있다는 사실을 항상 유념해야 한다. 일본인들의 친절은 어떤 경우 나를 놀라게 할 정도가 있었다. 버스에서 함께 있던 여성들은 내가 내린 신주쿠 정류장에서 같이 하차하였다. 그런데, 그 여성들이 내가 향하는 전철역과 같은 방향으로 걸어간다. 나는 목적지가 비슷하기 때문인 것으로 생각하였다. 나는 전철역 구내로 들어가 전철표를 끊고 개찰구로 들어섰다. 그런데, 전철역에 따라 들어온 이 여성들은 개찰하지 않고 서서 내가 무난히(?) 승강장 입구로 들어가는 것을 보더니, 나에게 "잘 가십시오"라고 인사를 하는 것이 아닌가? 그리하고 나서, 전철역을 빠져나가는 것이었다. 이 여성들이 내가 한국인이었다는 것을 알고 그와 같은 가외(?)의 친절을 베푼 것이었다. 외국인인 내가 복잡하기로 이름난 신주쿠 전철역에서 헤매지 않고 제대로 전철을 타고 가는지 확인하는 친절을 베풀어주었던 것이다. 일본 여성들은 한국 여성들과는 상당히 다른 방식으로 친절을 베푼다는 사실을 유념해야 한다. 이를 오해(?)하여 엉뚱한 방향으로 나아가면 곤란하다. 외국어 학습은 단지 언어의 학습만이 아니라 문화의 학습이라는 점을 생각해야 하는 것이다.

03

일본인의 신체적 언어

인간이 사람들과의 사이에 전달하는 메시지의 50% 이상의 효과가 신체의 움직임에서 나온다고 한다. 신체적 언어는 얼굴 표정, 몸짓, 자세와 호흡 등이 있다. 신체적 언어의 전달효과는 사람과 사람 사이의 거리에 따라 달리 전달된다. 거리의 원근에 따라 신체적 언어의 효과를 연구하는 학문이 있는데 이를 '근접학'이라고 부르기도 한다. 근접학의 창시자는 인류학자였던 에드워드 홀이다. 에드워드 홀은 "친밀한 거리는 15~45cm, 개인적 거리는 45cm~2m, 사회적 거리는 2~6m, 대중적 거리는 6~10m"라고 주장하였다. 이러한 거리는 개인에 따라 차이가 있으며 이성간의 거리는 표준거리의 두 배 정도이다. 외국어를 말하는 경우에도 이러한 거리의 접근에 따라 그 효과가 달라질 수 있음을 염두에 둘 필요가 있다. 일본사람들은 한국인들에 비해 매우 조심스러우며 신중하다. 그러므로, 단순한 대화만 신경 쓸 것이 아니다. 그들과의 접근 거리나 태도에서 약간의 여유를 두고 대하는 것이 좋은 관계를 형성하는 데 도움이 될 수 있다.

프랑스어를 경험한 이야기

Lesson 11

01. 자국어에 대한 애착이 매우 강한 나라
02. 싫어도 쓸 수밖에 없는 로맨스어
03. 두 배 이상 어렵다
04. 자신감이 붙다
05. 회화를 알면 작문과 독해는 따라와

Lesson 11

프랑스는 기원전 9세기에 켈트족(골족)이 원주민들을 정복하여 거주하기 시작하였다. 그 후 기원전 58년에 카이사르의 로마군이 이 지방을 침공하여 점령하기 시작하였고 골족은 결국 로마군에 무릎을 꿇고 말았다. 그 이후 이 지방은 라틴어의 영향을 받기 시작하였다. 프랑스는 파리지방의 언어를 표준어로 삼고 있지만, 브르타뉴어, 바스크어, 카탈루냐어, 랑그도크어, 니스어, 코르시카어, 알자스어, 플랑드르어 같은 방언과 지방어가 있다. 별도의 대학 입학시험이 없는 프랑스에서는 고등학교 졸업 자격증서인 바칼로레아 시험 성적으로 대학 진학이 결정된다. 바칼로레아를 소지하면 대학 입학 자격이 부여되기 때문에 바칼로레아 시험이 프랑스의 대입시험인 셈이다. 그랑제콜을 제외한 모든 대학은 바칼로레아만 있으면 지원할 수 있다. 일반대학과는 달리 엄격한 선발과정을 거치는 소수의 학교를 통칭하여 그랑제콜이라고 부른다. 그랑제콜 중에서도 가장 유명한 것은 국립행정학교와 파리고등사범학교, 폴리테크니크 등이 있다. 이들 그랑제콜은 프랑스 엘리트 양성의 산실이라고 할 수 있다. 그랑제콜은 뛰어난 학생들만이 합격할 수 있는데 상위 4% 이내에 드는 최우수 성적의 학생들이 철저히 준비하여 선발시험에 응시한다고 한다.

01

자국어에 대한 애착이 매우 강한 나라

프랑스는 자국어에 대한 애착이 매우 강한 나라이다. 프랑스어를 보호하고 외래어의 난입을 방어하는 활동을 3개의 주요기관이 벌이고 있다. 그 기관은 '아카데미 프랑세즈', '프랑스어 수호협회', '프랑스어 일반 심의회' 이다. '아카데미 프랑세즈' 는 1634년에 창설된 가장 오래된 프랑스어 보호단체이다. '프랑스어 수호협회' 는 1958년에 설립된 단체로서 언어보호 활동이 우선이다. 이 협회는 외래어 특히 영어식 표현에 반대하고 있다. '프랑스어 일반 심의회' 는 국제 공용어로서의 프랑스어의 지위를 유지하는 노력을 하며 프랑스어로 출판되는 과학서적을 지원하고 있다. 프랑스에는 '투봉법' 이라고 일컬어지는 1994년에 제정된 법률이 있다. 이 법률은 프랑스어 사용에 관한 법률인데, 이 법의 3조는 "대중교통수단이나 공공장소에 게시된 프랑스어로 된 모든 광고와 안내문 등은 하나 이상의 외국어 번역문을 병기할 수 있다."라고 규정하고 있으며, 프랑스어의 공적인 사용만을 규제하고 있다. 이러한 프랑스의 자국어에 대한 보호활동 등과 시민의식에 의해 프랑스에는 외래어의 유입이 매우 적은 편이다. 1973년에 출판인 앙리 미테랑은 "프랑스어에서 가장 사용 빈도가 높은 단어 1,000개 중에서 단 하나의 단어 'speaker' 만이 외국어이며, 영어 차용어의 비율은 매우 적다"고 밝혔다. 프랑스인의 일상대화에서 나타나는 영어식 표현의 빈도는 0.6%에 그친다고 한다. '르몽드' 지에서는 영어식 표현이 166개 단어 중 한 개꼴로 나타날 뿐이라고 썼다. 세 종류의 주요 프랑스어 사전에 수록되어 있는 60,000개의 어휘에서 발견한 차용어 목록을 보면 영어식 표현은 전체의 3.4%인 2,059개에 그쳤다고 알려주고 있다.

프랑스어, 스페인어, 이탈리아어, 포르투갈어, 루마니아어 등을 총칭하여 "Romance"어 라고 부른다. 왜냐하면, 이들 언어는 고대 로마 정복자들에 의해서 유럽지역에 옮겨진 언어에서 파생되었기 때문이다. 영어는 게르만계의 언어이지만 영어 단어 중에는 50%이상의 "Romance"어 계통의 단어들이 섞여 있음을 알아야 한다. 역사적으로 영국이 오랜 기간 프랑스의 지배를 받으면서 상류층에서는 "Romance"어를, 일반서민들은 영어를 쓴 이중구조를 갖는 불행이 있기도 하였다. 우리가 일제의 강점으로 인해 우리말 속에 일본어들이 알게 모르게 스며들어 있는 것과 같다.

02 싫어도 쓸 수밖에 없는 로맨스어

예를 들면, 프랑스계통인 "restaurant"은 물론이고, "joie de vivre"(영어표현으로는 joy of living), "ennui"(a feeling of boredom), "bonne amie"(good girl friend) 등 좀 고급스럽다는 단어들이 아직도 쓰이고 있고, 어떤 단어는 아예 토종영어를 밀어내고 일상어로서 활개를 치며 쓰여지고 있는 단어들이 많이 있다. 이 같은 예는 많이 들 수 있지만, 좌우지간 프랑스어를 안다는 것은 영어단어를 학습하는 데도 도움이 되고, 프랑스어를 정복만 할 수 있다면 어떤 외국어도 정복할 수 있다는 능력척도로 삼을 수 있다는 생각이 들었다.

a moment

1066년에 노르망디(Normandy)공 윌리엄이 잉글랜드에 쳐들어와 앵글로 색슨인들을 정복하였다. 그 후 프랑스어가 영어에 많은 경향을 주었다. 영어에서 게르만어계와 프랑스의 영향을 받은 라틴어계를 몇 가지만 비교해 보면 다음과 같다.

단어의 뜻	게르만어계 영어	프랑스어계 영어
이해하다	understand	comprehend
껴안다	hug	embrace
냄새가 나다	smell	odor
빛	light	illumination
감독하다	oversee	supervise
집	house	residence
일	job	profession
운	luck	fortune
어려운	hard	difficult
대담한	bold	audacious
생략하다	leave out	omit
끝나다	end	terminate
주다	give	donate
소변	wee(pee)	urine
현재, 지금	now	currently
행복(만족)한	happy	content

이미 SR외국어학습법의 효능을 알고 있는 나로서는 남보다 학습 능률만은 훨씬 우월한 상태에 있었기에 미친 척 도전해 보기로 하였다. 사실, "미친 척"이 될 수밖에 없는 것이, 프랑스어 학습을 시작했다가 도중하차하신 외환은행 엘리트 선배들을 많이 보았기 때문이다. 나는 그분들 보다 능력면에서 분명히 한 수 아래인 것은 객관적으로 분명한데, 내가 불어정복에 성공한다면 이는 SR외국어학습법의 효능을 입증하는 중요한 증거가 될 수 있지 않을까?

03

두 배 이상 어렵다

돌이켜 보면, 불어는 영어보다 두 배 이상 어렵다. 예를 들어, 영어로 "I go"이든 "They go"이든 3인칭 단수에서 "He goes"로 "go가 goes"로 변화함에 그치지만, 불어는 1인칭 단수, 3인칭 단수, 1인칭 복수, 2인칭 복수, 3인칭 복수의 단어가 다 다르다는 점이 한없이 골 때리는 일이다. 특히, 자주 사용되는 동사의 불규칙성이 두드러진다. 독해나 작문에서는 좀 생각해 보면서 음미하면 그런대로 진행이 되지만, 회화에서는 즉시 알아 듣고, 그 자리에서 자동반사적으로 동사변화를 시켜가며 나와야 한다. 별로 변화가 없는 영어 회화도 즉각적인 대화가 어렵건만 불어는 훨씬 더 회화에서 곤경에 봉착하게 된다.

하여튼, SR외국어학습법으로 스스로를 무장해 가면서 나의 좋지 않은 두뇌속에 알게 모르게 불어실력을 새겨 나아가는 동안, 어느 때인가 말 문이 열리는 것이 아닌가? 자동차도 엔진이 어느 정도 워밍업되고 가속이 붙기 시작하면 가속기를 약간만 밟아도 쑥쑥 잘 나아간다는 것은 누구나 다 아는 일! 이제, 별 볼일 없었던 평범한 월급장이인 나도 조만간 샹송을 버터냄새 풍기며 부르고, 알랑 들롱인지 모를랑 들롱인지를 들먹거릴 수 있게 되리라!

04 자신감이 붙다

자신감이 붙으니 외대통역대학원의 6개월 코스 직장인반에 들어온 20여명의 우리 클라스메이트 중에서 나는 매우 두드러진 성적을 보이기 시작하였다. 우리 불어반은 국가기관, 국영기업체, 금융기관, 주요 대기업, 무역업체 등에서 선발되어 온 나름대로 실력있는 분들이었고, 일부는 대학에서 불문학을 전공한 사람도 있었다.

우리가 학습하는 불어반은 약6개월 동안 아침 9시부터 밤 9시까지 수업을 하는데, 수업 중에는 프랑스에서 초빙한 교수들이 한국말이 아닌 불어로만 강의를 하는 것이었다. 하긴 그 분들이 한국말을 모르니까… 그리고, 외출외박이 주중에는 금지되어 월요일부터 토요일 점심때까지는 창살없는 감옥이다. 좀 과장하면, 오직 불어로 듣고 불어로 말하고 불어로 잠꼬대하는 것만 허용되는 분위기였다. 어느 날 어느 교수의 수업 중에, 여러 문장들을 대조해서 제시한 후 어떤 차이가 있는지 아는 사람은 대답해 보라는 것이었다.

회화를 알면 작문과 독해는 따라와 05

외국어에서 회화는 작문과 독해보다 어렵다. 외국어학습에서 회화를 정복하면 작문과 독해를 비롯한 제반 과제는 손쉽게 정복할 수 있다고 내가 이미 기술한 적이 있음을 독자는 기억할 것이다. 나는 이미 SR외국어학습으로 불어의 "감각"을 잡기 시작하였다. 교수의 질문에 누구도 대답을 하지 않자, 나는 손을 들었다. "교수님! 앞의 문장은 문어체로서 좀 무거워 보이고, 뒤의 문장은 회화체로서 앞의 문장보다 경쾌합니다"라고 대답했다. 물론, 불어로 대답했다. 그랬더니 교수의 말씀, "Monsieur(영어의 Mister에 해당) Lim의 대답을 들으니, 내 기분이 매우 좋습니다. 이제, 여러분은 불어에서 회화체의 특징을 이미 느끼고 있는 것 같습니다. 앞으로 불어회화를 성공적으로 할 수 있을 것으로 생각합니다." 박수 짝짝!

그 이후로 연수과정이 끝날 때까지 나는 우등생 대우를 받으며 수업을 받았고 교수로부터 그런 대우를 받으니 실력은 더 좋아질 것이 틀림없었다. 결국 '께르날레겐'이라는 교수로부터 '최우수'라는 평가를 받았으니, 평범한 내가 중간만 가도 큰 성공으로 생각하였는데 큰 성과를 올린 것이다.

SR외국어학습법은 아스팔트길로 독자들 안내하는 학습법이다. 그동안 기존의 재래식 방법으로 학습해 온 것은 비포장 자갈길을 지나 온 것에 비유할 수 있다. 독자는 외국어를 정복하기 위한 길에서 험한 비포장 자갈길을 헉헉거리며 그 목적지가 얼마나 더 가야만 하는지도 모르고 악을 쓰며 힘들여 왔다. 그렇게 가다가 99%의 절대 대다수의 사람들이 행진을 포기하게 되는 결과로 나타났다.

그리고 세월이 지나면 또 다시 영어를 학습해야겠다는 자극을 받아 또 시작하지만 그 결과는 보나마나 마찬가지이다. 답답하다. 미치겠다. 오히려 세월이 흐를수록 더 힘들어지고 좌절감은 더 늘어난다. SR외국어학습법은 아스팔트길과 같다. 이 길은 편하게 자연스럽게 시스템적으로 전진하는 길이며 각 단계마다 심리적 장애물들을 부드럽게 넘어갈 수 있도록 프로그램되어 있다. 또한 두뇌의 능력이 충분히 발휘되도록 의식과 잠재의식에 이중으로 학습내용이 새겨져서 외우려고 안달하지 않아도 저절로 기억되게 되어 있다. 다시 말하면 SR외국어학습법에 참여하는 분들은 특별한 사정이 없는 한, 성공자가 되는 것이다. 생각해 보라. 기존의 재래식 학습법으로 인한 성공률 1%와 SR외국어학습법의 성공률 90%! 90배의 성공률이다! 이것은 기적 같은 성과인 것이다. 어느 유식한 듯한 혹자는 말한다. 결국 SR외국어학습법은 교재의 과정을 30번 정도 반복하는 것인데 뭐 그것이 그리 대단한가? 참으로 답답하다. 그러면, 기존의 재래식 학습법으로 교재과정을 30번 반복할 수 있는 사람이 지금까지 100명 중 몇 명이나 되었는가? 기존의 재래식 학습법으로는 죽었다 깨어나도 악착같은 사람 1명만 빼고는 99명은 도중에 포기하게 되어 있다! 재래식 학습법은 학습자의 의지력이 너무 많이 요구되고 시간이 엄청 많이 요구되며, 학습성과를 학습자가 별로 느끼지 못 한다. 목적지가 어디인지 알 수가 없어서 의욕이 확 꺾인다. 힘들고 부자연스러운 언어습득 방법이기에 성공자가 그리도 드문 것이다. 그러나 SR외국어학습법은 심리적으로, 두뇌능력의 활용면에서 과학적으로 프로그램되어 있기에 그 결과는 절대다수의 성공자들이 탄생하는 것이다. 참고로, 프랑스어 교재는 내가 학습할 때 이후로 세계화 바람이 불고 한국의 국제적 위상이 급격히 부상하여 수많은 프랑스어 교재가 만들어진 것으로 알고 있다. 교재의 요건은 영어교재의 요건과 기본적으로 같다. 교재는 그 요건에 맞는 교재를 독자가 찾아서 가장 적합한 것을 스스로 선택하는 것이 애착이 가면서도 효과도 좋다. 필자가 공부한 교재를 밝히면 Mauger가 쓴 불어교재, Didier출판사의 불어교재, EBS 방송교재 등이 있다. 이상의 것들 외에서 여러 다양한 교재들이 있을 것이므로 자신의 실력에 어렵지 않은 교재를 선택하여 학습할 수 있다.

자기확신의 힘

Lesson 12

01. 고르디우스의 매듭을 끊은 알렉산더
02. 한국인의 내향주의
03. 해라 해라 하면 더 안 한다
04. 외국어학습에서 자신감은 매우 중요

고르디우스의 매듭을 끊은 알렉산더

01

그리스를 세계제국으로 등장시킨 알렉산더 대왕은 20세의 나이로 그리스의 마케도니아 왕이 되었다. 소아시아에 있는 고르디우스에는 제우스 신전이 있었는데 신전 기둥에 한 대의 짐수레가 단단히 묶여 이 매듭을 푸는 사람이 아시아를 지배한다는 전설이 있었다. 소아시아로 진격하여 고르디우스를 정복한 알렉산더 대왕은 이 전설을 듣게 되었다. 알렉산더는 자신이 세계를 정복할 사람이라는 자신감에 충만해 있었다. 그 전설을 성취시킬 사람도 자신이라는 확신이 있었다. 아무도 그 매듭을 풀지 못하였다는 사실을 알렉산더는 듣고는 단칼에 그 매듭을 베어 버렸다. 모든 사람들이 매듭을 "풀어야 한다"는 고정관념에 사로잡혀 감히 그 매듭을 칼로 베어 "풀 수 있다"는 생각을 하지 않았던 것이다. 자기 확신이 있는 사람은 기존의 고정관념을 탈피하여 남들이 감히 생각하지 못하는 생각을 하고, 행하지 못하는 행동을 실천할 수 있는 것이다. 알렉산더 대왕은 불과 몇 년 사이에 인도까지 이르는 정복의 길을 초인적으로 성공시킬 수 있었다. 알렉산더 대왕이 32세의 나이에 말라리아에 걸려 죽을 때에는 그리스는 이미 세계 최강의 제국을 이룩하였다.

인간의 능력개발에 관한 연구자인 스티븐 코비의 글에는 다음과 같은 내용이 있다. 영국에서 발생한 일이다. 어떤 학교에서 학기초에 "우수한" 아이들로 편성된 학급이 "우둔한" 학급으로, "우둔한" 학생들의 학급은 "우수한"학급으로 컴퓨터에 잘못 입력된 일이었다. 그런데 이 컴퓨터 보고서가 교사들이 학기초에 학생들에 대한 패러다임을 갖게 한 주요 기준이었다. ('패러다임'이란 우리가 세상을 '보는 방식' 즉 지각하고, 이해하고, 해석하는 관점에서 이 세상을 '보는 것'을 말한다.) 5개월 반이 지난 후 학사관리가 잘못되었다는 사실이 발견되었다. 당황한 학교측은 컴퓨터의 착오에 대해 아무에게도 말하지 않은 채 학생들에게 시험을 다시 치르도록 하였다.

기대하는 대로 그렇게 된다

결과는? 놀랍게 나타났다. 즉, 원래 "우수한"학생들의 아이큐 점수가 크게 떨어졌다. 그 이유를 조사해 보니, 이들은 학기 내내 선생님들에 의해 "지능적으로 한계가 있고, 비협동적이고, 또 학습할 능력이 부족하다"고 여겨졌고, 또 그렇게 다루어져 왔기 때문이라는 것이었다. 다시 말해서 교사들의 패러다임은 자기달성의 예언이 되어버린 셈이었다. 그러나 원래 "우둔한"학급의 아이큐 점수는 놀랍게 상승하였다. 선생님들이 이 학급의 학생들을 "대단히 우수한 아이들로 여기면서 교육"하였고, 또 교사들의 정열적이고, 낙관적이며, 활기찬 태도는 학생들로 하여금 높은 기대감과 가치의식을 느끼게 해 주었다는 사실이었다. "우둔한" 학급을 지도한 교사들에게 학기초 처음 몇 주 동안 학생들이 어떠했느냐고 물어 보았다. "무슨 이유에선지 우리의 지도방법은 잘 적중되지 않았습니다."라고 대답하였다. "따라서 방법을 바꾸어야 했습니다."

컴퓨터 보고서가 학생들을 우수하다고 했기 때문에 교사들은 학습효과가 잘 나타나지 않게 되자 자신의 교수방법에 문제가 있다고 판단한 것이었다. 따라서 이들은 교수방법을 개선하려고 노력하였다. 교사들은 주도적으로 그들이 할 수 있는 범위내에서 무엇인가를 해보려고 애썼다. 학생의 명백한 학습장애 문제보다는 교사들이 가진 경직성이 더 큰 문제라는 사실을 분명히 보여주는 사건이었다. 상기 내용은 우리가 타인에 대해서 기대하고 응대하는 것에 따라서 상대방의 결과가 달라질 수 있다는 중요한 내용이다.

하물며, 우리 자신이 스스로 기대하고 능력에 대해서 스스로 느끼는 확신은 그 성과에 큰 관련이 있는 것이다. 즉, 타인이 우리에게 기대하고 응대하는 것에 의해 영향받는 것보다 우리 스스로가 자신에 관하여 갖는 확신이 몇 배나 많은 영향을 주는 것이다. SR외국어학습법은 학습단계가 진행될수록 실력이 늘어가는 것을 스스로 느낄 수 있기 때문에 그 확신도가 높고, 외국어학습에 절대적으로 중요한 자신감을 높여주기 때문에 그 성과는 이미 누차 기술한 바와 같다.

02

한국인의 내향주의

외국어학습에서 "외향적인, 적극적인 성향과 내향적인 소극적인 성향 중 어느 쪽의 성공률이 높은가?"라고 물으면 쉽게 "전자"라고 대답할 것이다. 대답이 맞는다고 한다면, 우리 한국 사람들의 성향이 외국어학습에 과연 성공가능성이 높은가 아닌가를 분석해 본 후에 그 결과에 따라서 대응책을 생각해 보자. 조선일보 논설위원이었던 이 규태님의 글에 보면 한국인의 성향을 알 수 있는 내용이 있다. 어떤 위험한 사물이 자기 자식에게 달려들 때 서양인은 자식을 자기 뒤에 보호하면서 공격물 앞에 대결하는 도전태세를 취하는 반면, 한국인은 자식을 끌어안고 자기의 등쪽 즉 배면을 공격물 앞에 노출시켜 무방비 태세를 취한다고 한다. 톱질이나 대패질도 한국인은 바깥쪽에서 안쪽으로 밀면서 자르고 깎는 반면, 서양인은 안쪽에서 바깥쪽으로 밀면서 자르고 깎는다. 즉, 서양인은 정면주의, 외향주의이고 한국인은 배면주의 내향주의이다.

종로에 어느 갈비집이 있다. 이 음식점이 출입문인 큰길 쪽 정문을 폐쇄하고 골목 쪽 곁문만을 터놓고 장사하는 이유는 손님 중 열에 아홉이 골목 쪽 곁문으로 드나들기에 사실상 큰길 쪽 정문은 효용이 없다는 것이다. 종로에서 상가가 발달한 것은 앞 쪽인 큰길가가 아니라 오히려 뒷 쪽인 골목길이었다. 이는 개방지향이 아니라 폐쇄지향이고 외향적인 의식보다 내향적인 의식의 소산이라고 한다. 이상의 사실들을 고찰하더라도 한국인들 대다수의 성향은 내향적이기 때문에 외국어학습에 큰 장애요인으로 작용한다.

서양인은 외국어학습에서 유리한 게임?

사실, 서양 사람들 중에는 2~3개 외국어를 구사할 줄 아는 사람이 적지 않다. 에밀리 발치는 미국 웰슬리 칼리지의 교수로 재직하였던 여성으로서 1946년 노벨 평화상을 수상하였다. 그녀는 사회학과 경제학 교수였는데, 그리스어, 라틴어, 독일어, 프랑스어, 이탈리아어, 러시아어, 체코어, 폴란드어와 홀랜드어 또한 유창했다고 한다. 외국인들은 그들의 언어가 다른 외국어들과 문법이나 단어들도 비슷한 것도 큰 이점이다. 또한, 외향적이어서 표현을 생명으로 하는 외국어학습에서 유리한 게임을 하고 있는 것이다. SR외국어학습법은 “외향적이 되라! 적극적이 되라! 표현을 하라! 자신감을 가져라! 배짱으로 외국인을 상대하라!”라는 구호들을 외치지 않는다. 그래도, 프로그램에 따라서 편하게 그리고 찡그리지 않고 세월아 네월아 하며 진행해 가면 나도 모르게 외향적이 되고, 자신감이 붙으니 적극적 표현을 하고 배짱이 붙어지게 되는 것이다.

03 해라 해라 하면 더 안 한다

즉, SR외국어학습법은 한국인의 성향에 딱 들어맞는 학습법이기 때문에 그 성공가능성이 90%라고 감히 주장하는 것이다. 생각해 보라. "외향적이 되라! 적극적 표현하라! 자신감과 배짱을 가지라!" 라고 다그친다고 그렇게 되는가?

말로만 아무리 외쳐봐라!

여러해 전에 갖가지 정신교육들이 행해지고, "인간성을 확 개조했다"느니, "정말 뼈를 깎는 각오로 우리는 확 변했습니다!"하고 천지개벽이 된 양, 구호로 봐서는 정말 뭔가 격변할 것 같은 인간의 모습들이 정말 달라졌는가? 천만에 만만에 콩떡이다. 더욱이 한국인은 내향적 성향이 있어 밝은 무대 쪽보다 어두운 관중 쪽을 선택하는 미묘한 정서가 있으므로 "하던 짓도 멍석 펴 놓으면 안 한다" 라는 속담이 있는 것이다.

외국어학습에서 자신감은 매우 중요 03

외국어학습에서 자신감은 매우 중요하다. 일본 소니의 창업자 중 한 사람인 모리타 아키오가 외국어를 구사하게 되기까지의 비화가 있다. 모리타 아키오 소니 회장은 미국과 유럽을 여행하면서 대부분의 여행객들도 자신이 방문하는 국가의 언어를 제대로 할 줄 모른다는 사실을 알았다. 그래서 그는 좀더 대담하게 몇 마디의 영어를 사용해 보았다. 그는 그보다 영어를 더 못하는 사람들을 많이 만날 수 있었다. 아키오는 몇 마디의 불어와 독어, 영어를 더듬거리며 사용하였더니 그럭저럭 대화가 통한다는 것을 알 수 있었다. 그가 타고 있던 기차의 여행객들 대부분이 서로 비슷한 문제를 안고 있었던 것이다. 아키오가 유럽으로 떠나기 전에 통역을 맡아 주었던 일본인 친구 야마다는 여행에서 돌아온 아키오를 보고 깜짝 놀랐다고 한다. 아키오가 한 달이 지나고 나자 영어를 하고 있었던 것이다. 모리타 아키오는 그 점에 대해 이렇게 말했다. "사실 그것은 영어 실력보다 자신감의 문제였고 그 유럽여행이 나로 하여금 그런 자신감을 가지게 해주었다는 사실을 그에게 설명해 주었다."라고 그는 말했다. 일본어에서 '마나부(배우다)' 는 원래 '마네부(모방하다)' 라는 뜻이다.

외국어학습 특히 외국어 회화는 결국 그대로 따라하는 것 즉 모방하는 것이다. 모리타 아키오는 그러한 경험을 통하여 배운 점을 책으로 펴냈는데 "학력에 신경쓸 것 없다"라는 제목의 책이었다. 아키오는 '학력' 이라는 것이 지나치게 강조되는 일본 사회를 비판하였던 것이다. 모리타 아키오는 자기확신의 힘을 믿었다. 아키오는 55세의 나이에 테니스를 치기 시작했고 스키활강은 60세에, 64세에 수상 스키를 즐기기 시작했다. 또한 그는 늙은 나이에도 헬리콥터 조종술을 배우기 시작했다. 독자 중에 나이가 많이 드신 분이 있다면 SR외국어학습법으로 새로운 외국어를 학습할 것을 권한다. 외국어에 도전하는 자체가 정신적으로 매우 활기를 줄뿐만 아니라 자신감과 긍정적인 사고에 큰 영향을 미칠 것이다. 나이가 들어 새로운 외국어를 멋지게 구사한다면 삶의 활력과 매력을 갖게 된다. SR외국어학습법은 반드시 성공하게끔 되어 있는 과학적이고 실천하기 편한 학습법임을 이미 독자는 확신하였을 것이다.

정신집중을 위한 몇 가지 방법

Lesson 13

Lesson 13

인간은 초당 20사이클 이하의 소리나 20,000사이클 이상의 소리는 듣지 못한다. 인간의 전체 빛 스펙트럼 중 단지 1/7만 볼 수 있다. 엑스레이, 적외선, 자외선은 볼 수 없다. 이러한 사실은 인간이 얻는 정보가 극히 일부라는 것을 알려 준다.

집중력은 정신을 질서정연하게 해주는 것

단순한 언어가 주는 명쾌함은 매우 유용하다. 단순하고 명쾌한 언어가 인간에게 기억될 가능성이 높기 때문이다. 사람들이 지난 며칠 동안 들었던 말 중에서 단지 20% 정도만을 기억한다는 연구 결과들이 이를 뒷받침해 준다. 대부분의 사람들은 말할 때에 평균적으로 분당 120~150개의 단어를 사용하는 데 인간의 뇌는 분당 800개 정도의 단어를 쉽게 처리한다. 따라서, 상당한 시간 정신적 여유가 있어 다른 생각을 하기가 쉬운 상태에 있다. 그러므로 진지하게 상대방의 말에 집중하는 데에는 초인적인 노력이 필요하다. 들으면서 생각하는 여분의 시간을 갖고 있으므로 헛생각을 할 수 있는 것이다.

볼프강 모차르트는 정신 집중력이 매우 강한 음악가였다. 그는 1756년에 오스트리아 잘츠부르크에서 태어났는데, 왕성한 연주활동과 작곡활동을 하는 중에도 집중하여 프랑스어, 영어, 이탈리어를 배웠다. 그런 와중에도 짬을 내어 화성학과 대위법을 계속 공부하였다고 한다. 뛰어난 업적을 남긴 사람은 대부분 집중력이 매우 강한 사람들이라는 사실이다. 이러한 집중력은 정신을 질서정연하게 해주는 것이며 인간에게 행복감을 주는 중요한 능력이다. 심리학자인 미하이 칙센트미하이는 "행복이란 인식하지 않는 상태 즉 몰입상태"라고 말한다. 몰입상태란 다시 말하면 집중력이 발휘되는 상태를 말하는 것이다. 우리는 외부 자극 중에서 일부만 선택하여 지각하며 지각한 것에 질서를 부여한다.

정신을 집중하기 위한 간단한 방법 01

정신을 집중하기 위한 간단한 방법이 있다. 먼저, 앉아서 눈을 감고 10초간 고요히 있는다. 숫자를 300에서 시작하여 299, 298, 297,…100, 99, 98…5, 4, 3, 2, 1, 0 까지 세어 본다. 한 숫자도 틀리지 않았다면 아주 뛰어난 정신집중력의 소유자이다. 너무 많이 틀린다면 지금 정서도 불안하고 정신집중 능력이 매우 저하되어 있는 상태이므로 숫자의 범위를 줄여서 즉, 100, 99, …3, 2, 1, 0 정도로 해도 된다. 간단하지만 자신의 정신 불안을 측정하고 집중력을 높이는 좋은 방법임을 필자는 경험하였다.

학습능력의 크고 적음은 정신집중 능력에 달려 있는 것이다. 신경 과학자들의 추산에 의하면, 우리 인간은 현재의 수명을 누리는 동안 뇌의 잠재력의 1만분의 1 정도밖에 사용하지 못한다고 한다. 그러니까, 아이큐가 좋든 나쁘든 정신집중만 잘해서 자기의 두뇌 잠재력을 조금만 더 향상시켜도 누구 못지 않은 뛰어난 실력자 또는 천재로 될 수 있는 것이다. 바로 SR외국어학습법이 여러분의 잠재력을 남보다 '조금' 더 키워주는 결과, 그 성과는 본인 스스로 놀라는 성적으로 나타나는 것이다.

미국의 헨리 데이빗 소로우(1817~1862년)는 1845년 매사추세츠주 콩코드 마을의 월든 호숫가에 숲에 오두막을 짓고 거주하면서 측량일이나 목수일로 생계를 유지한 사람이다. 그는 45세의 나이로 일찍 죽었는데, 하버드 대학을 졸업한 그가 단순한 일만을 하면서 단순하게 살았던 방식이 오늘날 사람들에게 무언가 감동을 주기도 한다. 소로우는 "사람들은 무지와 오해로 부질없는 근심과 필요 이상의 힘든 노동을 한다. 돈을 벌려고 무리하며 병이 든다. 평판의 노예가 되기도 한다"라고 쓰고 있다. 그는 매우 간소하고 내핍적인 생활을 해왔다. 그러면서도 내적으로는 부유한 인생을 살았다고 할 수 있었다. 소로우는 조그만 잡지사의 기자로 일하기도 하였다.

간소하고 내핍적인 생활 02

그는 약간의 빵으로 생활하면서 숲에서 농사를 지으며 독서를 하였다. 그가 오두막집을 짓는데 들어간 자재는 28불, 농사에 들인 비용은 용구 및 종자 대금, 품삯 등을 합해 약 15불이었는데, 농사로 얻은 수입은 23불이었다고 한다. 소로우가 7월4일부터 다음 해 3월1일까지의 8개월 식비는 9불이었다. 그는 단순한 식사를 하더라도 체력과 건강을 유지할 수 있다는 사실을 깨달았다. 소로우는 "나는 5년 이상을 육체노동을 통해 생계를 유지해 왔다. 일년 중 약 6주일간을 일하고도 필요한 모든 생활비용을 벌 수 있다는 것을 알았다. 나의 가장 뛰어난 재주는 욕심을 부리지 않는 것이다. 얽매임이 없는 자유가 소중하다. 물질적 풍요를 위해 내 시간을 허비하고 싶지 않았다"라고 말했다.

소로우는 일하는 사이사이에 책을 읽었다. 또한 남는 시간에 항상 독서와 정신적 몰두에 집중하였다. 그는 "독서를 잘하는 것은 참다운 책을 참다운 정신으로 읽는 것이고 고귀한 운동이다. 운동선수들이 훈련을 필요로 하는 것처럼 평생에 걸친 꾸준한 자세로 독서를 하려는 마음가짐을 요한다"라고 말하였다. 소로우는 "사색을 함으로 우리는 건전한 의미의 열광 속에 빠질 수 있다. 혼잡한 교실에서도 정말 공부에 몰두해 있는 학생은 사막의 수도승만큼이나 홀로인 것이다"라고 그의 저서에서 썼다. 그는 "우리가 절제할 때는 우리에게 기력을 주고 영감을 준다. 정결은 인간의 꽃이다. 정결하게 되려면 절제를 해야 한다. 나는 내 자신의 본연의 자세에 돌아와서야 마음이 편해지는 사람이다"라고 덧붙였다. 소로우는 자신의 생활을 단순하게 하여 정신집중의 진수를 보여준 사람이었다. 생활의 단순함! 그것은 집중력에 매우 중요하다.

단순하고 집중해야 외국어에서 성공

외국어학습은 단거리 경주가 아니다. 장거리 경주이며 집중력이 요구되며 특히 지속적인 노력이 매우 중요하다. 생활이 복잡한 사람은 하기 힘든 것이 외국어학습이다. 단순하고 집중하는 생활을 유지해야만 외국어학습에서 성공할 가능성이 높다. SR외국어학습법은 매우 단순하며 편하고 쉽다. 정신 집중력은 생활을 단순하게 하는 데에서 나온다. 필자는 금융기관의 점포장으로 발령을 받는 날까지 20년간을 외국어학습에 매일 시간을 바쳤다. 비가 오든 눈이 오든 마찬가지다. 단순한 목표를 성취하기 위해서 단순한 일과를 계획하고 실천해야만 머리가 깨끗하다. 즉 정신집중이 잘 될 수 있는 것이다.

자기 자신을 파악하는 일이 필요 03

정신집중은 결국 잡스런 일에 얽매이지 않을 때 이루어질 수 있는 것이다. 독자의 생활은 명쾌한 질서를 가지고 있는가? 매일 이 사람 저 사람을 만나고 잡담에 정신을 빠트리고 있는가? 텔레비전 시청에 시간을 빼앗기고 신문을 보느라고 시간을 빼앗기면서 그 내용에 흥분하여 머리가 복잡하고 에너지를 낭비하는가? 반드시 해야 할 일, 긴급한 일이 아닌 허드렛일에 시간을 빼앗겨 바쁜가? 우선, 자기 자신을 파악하는 일이 필요하다. 사람은 누구나 “나 자신은 최선을 다해서 인생을 살아가고 있다”고 스스로를 정당화한다는 사실이다. 자신이 매주 텔레비전 시청에 몇 시간을 소비하는지 알아야 한다. 우리가 뉴스 시청에 보내는 시간, 드라마에 보내는 시간, 다른 텔레비전 프로에 보내는 시간을 적어보아야 한다. 그 밖의 허드렛일에 몇 시간을 소비하는지 알아야 절대적으로 중요한 것에 집중할 시간을 확보할 수 있는 것이다. 아마도, 독자가 매일 자신이 어떤 것에 얼마나 시간을 소비하는지를 기록하기 시작하면, 그 시간 중 많은 시간이 절대적(?)으로 필요한 일에 소비된 것이 아님을 알게 될 것이다.

얼마나 시간을 소비하는지 기록해야

초점이 없이 바쁜 사람은 정신집중을 하기 어렵다. 세상일에 바쁜 혹자는 이렇게 물을 것이다. "바쁘게 움직이고 정신없이 일해도 먹고 살기 어려운 세상인데, 그처럼 한가한 말씀을 하시니 제 정신이 있으십니까?"라고 말이다. 매우 좋은 질문이다. 필자는 "제 정신이 있기에" 이 책을 쓰는 것이다. "정신없이 바쁜 것"은 매우 위험하며 집중력에 큰 방해가 된다. 생활을 단순화해야만 정신 집중이 가능함을 명심하라. 외국어학습은 정신집중이 있어야 더욱 효과가 나타난다. 잡다한 욕심을 단호하게 버리는 사람만이 희망이 있다는 사실이다.

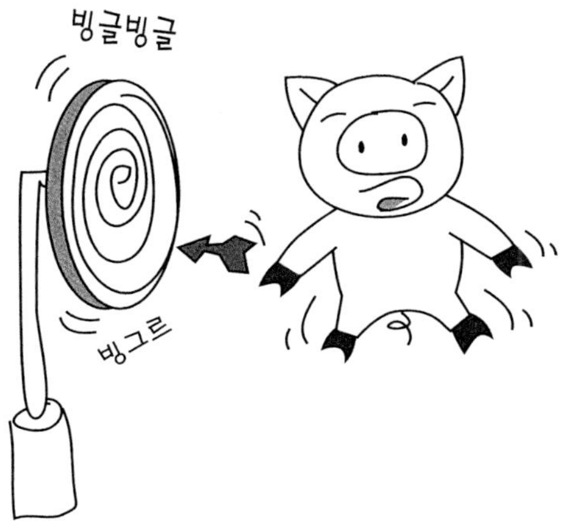

신대륙호

이 프로그램에 참여할 수 있는 자격

Lesson 14

Lesson 14

바로 위의 제목부터가 눈에 거슬린다. 누구나 좋으면 이 책 사서 읽으면서 해 보면 되는 것이지 뭐 자격이니 뭐니 해서 사람을 피곤하게 만들려는 것이냐? 이렇게 생각하는 분은 무조건 자격이 있다. 왜 그러냐구요? 외국어학습은 복잡하게 생각하는 사람은 성공하기 힘들다. 그저 단순하게 쉽게, 그리고 마음 편하게 달려들어야 하는 것이다.

01

산이 저기 있기에 간다는 편한 마음

시작이 반이다. 시작하지 못하고 시작할까 말까? 아니 좀더 검토하고 또 검토하고 또 생각해 봐야지… 다음날, 책방에 나가서 또 이 책을 뒤적인다.

좀 그럴 듯 하긴 한데 너무 뻥이 센 것 아닌가? 사기꾼 많은 세상이라 조심해야지… 하여튼, 내가 학습하기 어렵다는 불어를 시작한 것은 사실 어렵다는 것을 내가 깨 보겠다는 "도전"의식 때문이었다. 약삭스레 외환은행 빠리지점에 가려고 한 것도 아니었다. 더욱이, 모빠쌍이나 발자크 또는 에밀 졸라나 앙드레 지드의 원문을 들먹이며 아가씨들 꼬시는데 좋은 도구로 쓰려고 한 것도 아니었다. 그저, "산이 저기 있기에 간다"는 식으로 아무런 부담도 압박감도 없이 편한 마음으로 시작하였다. SR외국어학습법을 도구로 매우 어렵다는 불어정복을 재미삼아 해 본다는 그 점이 사실 외국어학습의 가장 중요한 자격요건이 되는 것이다.

외국어 능력은 53세가 최고

어떤 분은 이런 질문도 해 볼 것이다. "아… 내 나이 이미 50살이 넘었는데, 에이 분수를 알고 언감생심… 젊은이도 어렵다는 외국어를 배울 수 있겠나?" 독자는 이미 미국의 학습심리학자 샤이(Schaie)와 그의 동료들이 21~81세를 대상으로 하여 언어능력 테스트를 21년간 연구하였던 결과를 읽었다. 그 결과에서 인간의 외국어 학습능력인 언어능력은 53세까지 증가하여 최고 능력에 도달하고, 65세경부터 감소한다는 사실도 알게 되었다. 언어능력 즉 외국어를 학습할 수 있는 능력은 53세에 가장 뛰어난 능력을 발휘하는 것이며, 그 이후 65세에 이를 때까지 절정의 능력을 발휘하는 시기인 것이다. 우리가 흔히 "10대 혹은 20대에 외국어를 학습하는 능력이 가장 뛰어나다"고 하는 생각은 잘못된 생각이다. 21년간의 연구결과를 통해 충분히 검증된 사실이므로, 누구도 이의를 제기하지 못할 풍부한 증거가 뒷받침되는 사실이다. 그러므로, 아직 53세가 되지 않은 분은 외국어학습 능력에서는 아직도 제대로 기량이 발휘되지 않고 있다고 생각하면 된다. 따라서 나이가 들어도 지적 활동을 계속하는 사람들은 뇌의 능력이 더 활발함을 알 수 있다. 나이 먹는 것을 걱정할 필요 없이 SR외국어학습법을 실천하기만 하면 된다.

02 참가가 거부되는 사람

SR외국어학습법의 큰 강점은 성차별, 나이차별, 학력차별이 없다는 점이다.

단 하나의 차별은 있다. 불평하지 않고 겸손하게(특히 좀 배웠다는 분들 해당) 따라올 의사가 없는 사람은 무조건 거부한다. 이미 기술하였듯이, SR외국어학습법은 독자가 스스로 자기 수준에 맞는 교재와 테이프를 선택하도록 권하고 있다. 그 교재와 테이프의 요건을 설명한 바 있다. 자기의 수준보다 조금 낮은 수준의 것을 선택하도록 하라. 그 결과는 더 확실하기 때문이다.

나이가 드신 분들이나 자기 고집이 강한 분들 중에는 간혹 SR외국어학습법을 따라 하는데 어려움이 있을 수 있다. 예를 들면, 외국인 스피커의 말하는 것을 같은 속도로 소리내어(절대적 요건임!) 따라해야 하는데 한 두 번 하다가는 조금 빼 먹기도 하는 등의 일이 있을 수 있다. 이렇다면 절대적으로 성공할 수 없다. 6살짜리 우리 귀염둥이처럼 하지 않으면 절대로 효과적인 성과를 거둘 수 없음이 증명되었다. 하여튼, SR외국어학습법에서 시키는 대로 "100% 그대로"만 하라. 그러면, 참가자중 90%(100%는 아님. 왜냐하면 이미 언급하였듯이 급성열병으로 요양소로 급거 이송되는 분도 있기 때문.)는 성공하게 되어 있다.

03 생방송이 어렵고 녹화방송은 훨씬 쉬운 것

외국어학습에 관한 기본개념을 제대로 이해하는 것이 매우 중요하다. 언어의 가장 최상급의 능력은 스피킹 능력에 있다. 물론, 이는 리스닝이 뒤따르는 능력이다. 즉 언어의 가장 어렵고 최상급의 능력은 일상 회화와 같은 구어의 구사능력에 있는 것이다. 방송으로 말하면 생방송이 가장 어렵다. 녹화방송은 얼마든지 편집이 가능하기 때문에 훨씬 쉬운 것이며 독해나 작문, 문법 등이 바로 녹화방송과 같은 것이다. SR외국어학습 과정을 마치게 되면 잠꼬대를 외국어로 할 정도가 된다. 그러면 현실에 있어서 일상 회화를 듣고 말하는 것이 매우 자유스러워지게 된다. 바로 이것이 최상의 실력이 아니고 무엇인가? 가장 어려운 생방송 능력이 있는데 무엇이 부족하여 녹화방송을 부러워하고 그 능력을 아쉬워할 것인가? 생방송을 제대로 할 수 있는 사람은 녹화방송은 간단하게 숙달될 수 있는 것이다.

절대로 후퇴를 하지 않고 앞으로 전진만을

재래식 외국어학습은 당장 이해하려고 하고 외우려고 하기에 스트레스가 무척 많은 학습방법이다. 그러나 SR외국어학습법은 이해되거나 말거나 외워지거나 말거나 절대로 후퇴(되돌려 감아 다시 듣는 것)를 하지 않고 그저 앞으로 앞으로 전진만을 한다. 그러면 3단계가 마칠 때에는 저절로 이해되고 저절로 외워져서, 잠꼬대를 영어로 할 정도가 되는 것이다. 우리 두뇌는 엄청난 외국어 습득능력을 가지고 있다. 잘난 사람이든 못난 사람이든 모두 천재적인 능력을 가지고 태어났지만, 이 능력을 잘못된 방법으로 개발하려고 했기 때문에 쓸데없이 고생만 하였다. 그래서 외국어를 잘난 사람만 하는 줄 알았던 것이다.

필자 자신이 고졸 출신으로 서울대를 비롯한 일류대 출신들로 가득찬 외환은행에서 영어, 불어, 일본어 3개 외국어를 동시에 구사하고 어려운 외국어 고시마다 합격하였던 사례는 필자가 잘나서나 노력이 특별해서가 아니다. 그저 우직하게 SR외국어학습법을 묵묵히 실천하다보니 저절로 그렇게 된 것이다. 결코 안달하거나 그리 성급하게 실력(?)을 나타내려고 할 필요가 없다. 저절로 이루어지는 것인데 무엇이 문제인가? 독자는 10년 이상 재래식 외국어학습에 중독되어 있던 것을 SR외국어학습법으로 몇 달 씻어내면서 과학적이고 순리적인 외국어학습법에 익숙해지는 과정에 있다. 새로운 과정에 적응하는 일은 기존의 중독된 것을 버려야 하기 때문에 약간의 어색함이 있으며 불편함도 느껴질 것이다. 그러나 SR외국어학습법의 효능은 영어보다도 2배 이상 어려운 불어에서도 그 효과가 나타난 증거가 존재한다.

04 2개국 외국어를 동시에 학습하더라도 소화한다

불어는 문법도 매우 복잡하며 특히 동사변화를 비롯하여 영어보다 2배 이상 많은 일상 용어들, 복잡한 언어구사 방식 등에서 수많은 불어 학습자들이 도중에 좌절하고 중도에 탈락하게 된다. SR외국어학습법을 통하여 매일 향상되는 기쁨을 맛보게 되면, 에너지를 지속적으로 보충받게 되어 학습이 좌절되는 일은 거의 없다. 외국어학습에서 일상 회화를 능숙하게 하게 되면 문법이니 독해력이니 단어 능력이니 하는 것은 부차적인 문제라는 것을 확인할 수 있다. 사실, 외국어는 회화를 중심으로 SR외국어학습법을 적용하였지만, 나아가다 보면 문학작품들도 읽을 수 있게 된다. 외국어에서는 회화가 문학작품보다 훨씬 더 어려운 것이다. 어려운 것을 어느 정도 잘 하게 되면 쉬운 것은 아무런 문제가 되지 않는다. 회화보다 저차원의 독해, 어휘, 문법 등을 너무 중시하는 것이 잘못된 것이다.

외국어 회화를 제대로 하는 것이 최우선

독자는 SR외국어학습법을 통하여 능숙한 외국어 일상 회화를 제대로 할 수 있는 능력을 확보하는 것이 최우선 과제이다. 이것이 확보된 다음에 다른 문제를 생각해야 한다. 오로지 핵심적인 과제이며 가장 중요하고 어려운 과제인 회화에 능숙할 때까지는 어떠한 잡념도 필요없다. 외국어학습을 2개 외국어 이상 동시에 학습하느냐, 하나의 외국어만을 학습하느냐 여부는 독자의 시간적 여유, 개인적 취향, 학습의 필요성 등을 감안하여 판단해야 한다. 우리 두뇌의 능력은 1개의 외국어만이 아니라 2개 이상의 외국어를 동시에 학습하더라도 아무런 지장없이 이를 소화할 수 있는 충분한 능력이 있다. 다만, 시간적 여유가 없는 상태에서 2개 이상의 외국어를 동시에 병행하여 학습하는 것은 무리가 따르므로 독자는 그 점을 감안하여 결정하면 될 것이다.

a moment

콜럼부스가 신대륙을 발견했을 때 "대단한 일이 아니다."라고 시기하였던 사람들이 많았다. 콜럼부스가 달걀을 들어 좌중에 "이것을 세워 볼 사람이 있느냐?"고 말했으나 아무도 세우지 못했다. 콜럼부스가 달걀을 깨트려 세워 보이자 사람들은 "저렇게는 나도 할 수 있다."며 웅성거렸다. 콜럼부스는 "물론 이 달걀을 누구나 세울 수 있다. 하지만 누구나 그 방법을 생각해 낼 수 있는 건 아니다."라고 말했다. 혹자는 SR외국어학습법을 "대단한 일이 아니다."라고 말할 지 모른다. 그러면 무엇이 대단한 일인가? SR외국어학습법이 탄생하기까지는 수년 간의 고민과 시행착오를 거쳐 그 결과를 검증하는 과정이 있었다는 점을 기억하기 바란다. 그리고 각 단계마다 이정표와 산소호흡기를 비치하여 헉헉거리지 않고 성공적으로, 부드럽게 넘어가는 프로그램이 준비되어 있다. 그리고, 기존의 재래식 학습법으로는 결코 성공자가 될 수 없다는 사실이다. 반드시 외국어 학습에서 성공하겠다는 생각을 가진 사람만 참여하라!

유의사항

필자에게 질문을 보내주실 때는 인터넷사이트 www.SRstudy.co.kr에 들어가서 "게시판"의 "이메일 문의 유의사항"을 읽고 당부한 사항대로 해주면 회신을 받을 수 있다. 수많은 불특정 다수를 대상으로 질문에 회신하는 입장에서 이러한 부탁을 드리는 것이다.

헬로
두근두근

영어단어를 쑥쑥 늘려가는 비결

Lesson 15

01. 멋대가리가 있어야
02. 성공자와 실패자
03. 자만은 금물

Lesson 15

외국어를 잘하기 위해서는 많은 단어를 알아야만 하는 것이 절대적 요건은 아니다. 다시 한번, 6살짜리 귀염둥이를 관찰해 보라. 그 아이가 단어를 많이 알아서 부모를 뒤에 졸졸 달고 다니면서 수퍼마켓, 사진관, 심지어는 관공서까지 가서 통역관 겸 보호자(?)의 역할을 하는가? 아니다. 반대로 부모가 어휘는 더 많이 알 것이다. 그러나 이 6살짜리도 회화가 트여진 이제부터는 많은 어휘를 알면 알수록 여러 가지로 유용하며 삶의 여러 부문에서 윤기가 나게 된다. 본론으로 들어간다. 사전만 찾으면 자기실력으로 충분히 읽을 수 있는 책 중에서 좀 재미있는 '스토리'가 있는 책을 하나 고른다. 그러니까, 딱딱한 느낌이 들어서 얼마쯤 보다가 멋대가리 없어서 던져버릴 것 같은 것은 안 된다.

01

멋대가리가 있어야

구체적으로 예를 하나 들면 "Word Power Made Easy" 같은 책은 어휘의 어원적 설명도 있고, 필자가 얘기하듯 스토리가 있어서 좋다. 하여튼, 이런 기준으로 1권만(절대 한 번에 두 권 사지 말 것!) 산다. 어원(語源)이란 그 단어가 처음 시작된 유래를 말하는 것이다. 예를 들어, egoist라는 단어의 어원은 라틴어 'ego' 에서 비롯된 것이다. 라틴어로 ego란 '나' 즉 영어의 'I' 를 의미한다. 이 어원에서 egoist, egotist, egocentric, egomaniac 등과 같은 유사한 의미를 공유하는 단어들이 나왔다. 다른 예를 들면, 그리스어 'psyche' 는 '정신' 즉 영어로는 'mind' 를 의미한다. 이 그리스어 어원에서 나온 단어로는 psychology, psychic, psychopathic, psychosomatic, psychogenic 등 이 밖에도 많은 단어들이 있다. 이러한 수많은 단어들이 공통의 의미를 가진 어원이 있기에 독자는 철자가 다른 각 단어들이 '정신' 과 관련된 의미가 있음을 쉽게 짐작할 수 있을 것이다. 그리고 그러한 공통 의미가 있기에 외우는 것도 쉽고 의미의 구별도 어렵지 않게 된다.

하나를 알면 딸린 단어들을 한꺼번에

즉 하나의 어원을 알면 그에 딸린 수많은 다른 단어들을 한꺼번에 흡수할 수 있는 잠재력이 생기는 것이다. 이러한 어원은 라틴어, 그리스어가 영어에 큰 영향을 미쳤다는 사실에서 나온 것이다. 사실, 영어는 게르만계의 언어이지만, 영어 단어의 약 50%가 라틴계 언어의 단어이고, 약 30%가 그리스어의 어원에서 비롯되었다고 한다. 그러므로 라틴계 단어와 그리스어의 어원들을 파악하면 대부분의 영어 단어의 의미를 파악하는 결정적인 단서를 잡을 수 있다는 사실이다. 왜 어원를 설명해주는 내용이 있어야 한다고 말한 것을 이해하겠는가? 위에서 예를 들고 있는 책 "Word Power Made Easy"가 아니어도 된다. 혹시 절판이 되어 구할 수 없을지도 모르니까. 제목이 다른 책이라도 어원을 설명해주는 내용이 좀 풍부하게 들어있고 스토리가 있는 책이면 되는 것이다. 자, 이제 그 책을 구했다고 하자.

우선, 편안한 마음으로 책을 편다. 읽는다. 모르는 단어가 나온다. 사전을 찾으시려고? 아니다. 연필로 그 단어 밑에 줄을 친다. 그리고 또 읽는다. 또 모르는 단어가 나온다. 사전 찾지 말고 그냥 연필로 밑줄만 쳐라.

정상적인 경우의 음식물 섭취는 두 개의 중추에 의해서 즉 측부의 섭식중추와 포만중추가 같이 작용하여 조절된다. 식욕은 시각, 청각, 미각, 후각 등의 감각이나 연상에 의해서 반사적으로 일어나거나 억제된다. 식욕은 모든 감각과 정신기능과도 밀접한 관계를 가지고 있고 과거의 경험과 기호 혹은 기후 등 환경의 변화에도 영향을 받는다고 한다. 아니, 왜 난데없이 식욕 이야기인가? 이유가 있다. 독자는 이런 경험이 있을 것이다. 별로 배고프지 않은데 자장면을 곱빼기로 시켜 본다. 곱빼기의 많은 양에 식욕이 당기는가? 오히려 그 많은 양을 보고는 먹는 맛이 감퇴되어 겨우겨우 먹게 된다. 곱빼기가 아닌 1인분의 양이라면 아마 맛있게 먹었으리라. 위에서 책을 살 때 한 권만 사도록 권하는 이유가 바로 여기에 있다. 한 권을 모자란 듯이 맛있게 읽고 또 읽어서 완전히 소화하는 영양식이 되도록 해야 한다. 우리의 정신적 식욕도 그 대상이 약간 부족한 듯 해야 가벼운 마음으로 접근하게 되고, 두뇌에서도 부담감 없이 받아들이는 것이다. 얼마나 많은 사람들이 제대로 읽지도 않는 책을 집에 비치해 놓고 살고 있는가? SR외국어학습법의 기본은 우리가 학습하는 것을 철저히 완전히 소화하여 우리의 피와 살이 되도록 만드는 것인 만큼, 앞으로 우리 독자는 낭비가 없어져 금전적으로도 이익을 볼 것이다.

책을 읽으면서 중간 중간에 테스트도 있을 것이다. 답도 써 보고, 점수도 내 본다. 어메! 영 점수가 형편 없을 것이다. 아무 염려마시라. 이렇게 편안하게 진행해야 한다. 아마도 사전 찾아보고, 한편 외워보려고 하면서 진행하면 하루에 10페이지 정도의 진도가 나아갈 것이다. 그런데 이 방법으로 하니까 최소한 30페이지 즉 3배 이상 진도속도가 될 것이다. 어느 날, 한 권의 끝 페이지를 다 읽게 된다. 한 권 다 읽는 동안 우리 독자는 편안하지 않았다거나, 골 때리는 일, 외워지지 않아서 안달 하는 일, 머리에 쥐가 나는 일 없었지요? 이해되는 것은 이해하고, 모르는 단어는 연필로 밑줄치고, 편안하게 종점까지 와야 하는 것이 절대 중요하다!

다음 날, 이제는 두 번째 읽기 시작한다. 방법은? 첫 번째와 똑같다. 뭔가 좀 달라져야 하는 것이 아닌가? 아니다. 그대로만 하시라! SR외국어학습법 창안자의 의도는 모르겠지만 이 책 사느라고 든 돈이 아까와서라도 그냥 오늘도 따라해 본다. 그랬더니 두 번째 다 읽었다.

이제, 세 번째 읽기 시작한다. 방법은? 두 번째와 똑 같다. 뭐라고? 두 번까지는 참았는데 세 번째까지? 그렇다. 참는 자는 조만간 복을 받기로 프로그램이 되어 있느니라. 에라, 여기까지 왔는데 더 따져서 무엇하랴. 드디어 세 번째 끝났다.

02

성공자와 실패자

세 번을 읽었으니 마스터한 것 아닌가? 여기에서 성공자와 실패자가 나오는 순간이다. 대부분의 기존 재래식방법으로 외국어를 학습하는 자는 세 번 읽는 사람이 100명중 겨우 10명, 그 열 명도 이 단계에서 이미 기진맥진되어 있어서 더 나아갈 엄두를 내기가 어렵다. 간혹 의지가 무지무지 강하신 분, 악돌박이씨 같은 분만이 좀 더 나아갈 뿐이다. 그러나 우리 독자들은 모두 여기까지 오는데 그냥 편안하게 왔고 스트레스, 머리에 쥐가 나는 일 등이 전혀 없이 잔디구장에서 산책한 기분으로 가뿐하다.

자, 네 번째 읽기 시작!

어, 그런데 모르는 단어라서 연필로 줄 쳐놓은 단어들 중에는 이제 이해되는 것도 있네! 아무튼 문장이 쏙쏙 눈에 잘 들어온다. 모르는 단어는 영한사전을 찾아본다. 찾은 의미를 단어 근처에 몇 자로 써 놓는다. 이것저것 많이 적지 말고 의미만 간단히 적으라고 재차 강조한다! 어떤 분은 "영한사전보다 영영사전을 보는 것이 더 실력이 붙지 않을까요?"라고 질문할 것이다. 꼭 그렇지는 않다. 그 이유는 설명해 줄 기회가 있을 것이다.

a moment

영한사전을 찾아볼 때 유의할 점

하나의 단어를 사전에서 찾으면, 그 단어가 어떠한 용례에 사용되는지를 확인하는 것이 매우 중요하다. 모든 단어는 의미가 문장에서 확정된다. 단어의 '뜻'만을 외우는 것은 별로 의미가 없으며 매우 비경제적인 학습이다. 모든 단어는 그것이 사용되는 "문장의 예문"이 절대적으로 중요하다는 사실을 명심하기 바란다. 이러한 "문장의 예문"을 파악하고 나서 사전을 뚝딱 덮어버리는 것은 또한 낭비가 많다. 속담에 "고사리도 꺾을 때 꺾는다"는 말이 있고, "쇠뿔은 단김에 빼라"는 말도 있다. 이 속담들의 의미는 무슨 일을 시작하면 할 때 내쳐 해치우라는 말이다. 그것이 경제적이기 때문이다. 그러므로, 사전을 덮기 전에 그 단어의 명사형, 형용사형, 부사형이 어떤지 확인한다. 그리고 앞뒤에 그 단어와 관련된 단어들을 훑어 본다. 가벼운 마음으로 확인하는 것이 중요하며, 너무 꼼꼼하게 외우려는 생각을 갖지 말라. 그러니까, 하나의 단어를 찾을 때 여러 형태의 변형과 관련 단어들을 가벼운 마음으로 확인해 보는 것이다. 그러면 독자의 천재적인 머리에 저절로 입력되어 언젠가 저절로 활용할 때가 올 것이다.

자, 네 번째 읽는 과정에 있음을 기억하라. 세 번째와 다른 것은 사전을 찾아본다는 것 외에는 아무 것도 다른 것이 없다. 즉, 아직도 고요한 호수에 배 띄우고 유유자적 읽고 있는 것이다. 이번에 읽는 네 번째 과정만 돌파하면 우리의 사랑하는 독자는 큰 상금을 받을 것임을 나는 약속한다. 그리고 독자는 이 책의 하인이 아니라 주인이 되어 있음을 느끼게 되리라. 마의 병목현상! 이 네 번째 읽기가 SR외국어학습법의 2단계 마의 8부 능선과 거의 같다. 자, 힘내자. 독자가 나의 말을 믿고 이 고비만 돌파하면 어떤 여자 친구에게도 자랑스러운 영어실력을 특히 어휘력이 자유자재로 발휘되는 멋진 친구로 보이게 된다.

아! 드디어 멋진 나의 독자는 마의 네 번째 단계를 돌파하였다. 내친김에, 다섯 번째 읽기 시작한다. 어! 이거 술술 술술 거침없이 읽히네! 그렇다.

독자의 뇌 속에는 이미 아무런 장애없이 새겨진 이 책의 내용들이 되새김을 하면서 읽는 내용이 마치 오래 된 친구의 편지처럼 친숙해 지기 시작하는 것이다.

자만은 금물 03

다섯 번째를 돌파하였다고 자만해서는 안 된다. 이제는 정말 고요한 호수위에 떠있는 돛단배가 모터장치를 한 셈이므로, 그 동력으로 계속 전진하여라.

이제 여섯 번째부터는 "소리내어" 읽어야 한다. 다섯 번째까지는 눈으로만 읽었다. 이제는, 동력까지 단 셈이므로 혀를 씩씩하게 움직여서 가능하면 큰 소리로, 작은 목소리(옆에 누가 있으면)라도 "반드시" 그리고 "절대적"으로 소리를 내어서 읽어야 한다.

이렇게 나아가면 일곱 번째, 여덟 번째, 나아가 아홉 번째, 드디어 열 번째 독파를 마치게 된다. 독자는 지금 어떠한 상태인지 아시는가? 참으로, 유식한 인사가 되어 있는 것이다. 방금 전에 읽은 책에 관해서만은 말이다. 그리고 읽은 그 책의 내용은 죽을 때까지 독자의 지적 재산이 된다. 다만, 한 달에 한 번 정도, 정 시간이 없으면 세 달에 한 번 정도만 "소리내어" 읽기만 하면 확실하다. 잠깐! 독자는 혹시 이렇게 질문할지 모른다. "열 번씩이나 읽으려면 엄청난 시간이 소요될 텐데, 이 바쁜 세상에 한 권 읽는데 그 많은 시간을 바칠 사람이 있을 수 있나요? 시간 낭비 아닌가요?" 아주 정곡을 찌르는 질문 같지만 전혀 그렇지 않음을 단언한다.

이 책 긁적, 저 책 긁적해서는 실력이 안 는다

우선, 상기한 방법은 필자가 수년 동안 실제로 체험한 것임을 밝히며 왜 그렇지 않는가를 설명하고자 한다. 이 방법은 한 번 읽는데 걸리는 시간이 재래식 방법보다 3배나 빠르다. 그러므로 재래식으로 한 번 읽을 때 세 번 읽는다. 그리고 네 번째가 가장 어려운 고비임을 지적하였지만 네 번째를 통과하면 가속도가 붙는 단계이므로 다섯 번째부터는 속도가 더 빨라져 재래식으로 3번 읽을 때 SR외국어학습법은 이미 열 번을 돌파하게 된다! 재래식으로는 현실적으로 3번 읽는 사람이 거의 없음에 반해, SR외국어학습법은 편하게 술술 10번을 돌파하면서 그 실력을 확고히 쌓고 쌓아 진짜 실력으로 승화된다. 사실 재래식으로 학습하는 사람들은 이 책 긁적, 저 책 긁적 하는 식으로 한 권의 책을 온전히 자기의 실력으로 승화시키는 경우가 거의 없다.

허드렛 열 가지보다 피와 살이 되는 한 가지가 더 힘

필자의 경우, 한 권의 좋은 영어책을 SR외국어학습법으로 완전히 내 실력으로 만들면 재래식으로 열 권 읽은 사람에게 결코 뒤지지 않음을 경험하였다. SR외국어학습법은 독자의 외국어 실력을 확실하게 높여준다는 것을 실감하게 된다. 지금까지 독자는 대부분의 책을 한 번이나 많아야 두세 번 정도 읽는 것으로 만족해 왔다. 이것은 음식으로 말하면, 입에서 별로 씹지도 않고 위로 넘기고, 위에서 소화도 안 시키고 소장, 대장으로 넘겨 결국 영양가를 몸에서 별로 흡수하지도 못하는 격이다. 결과는? 만성 영양실조가 된다. 사실 독자는 지금까지 상당한 부수의 좋은 책들과, 좋은 영어교재들로 배워 왔다. 그 중에 몇 가지라도 SR외국어학습법으로 100%에 가까운 영양섭취를 했더라면 독자의 실력은 훨씬 알차게 되었을 것임에 틀림없다. 이제부터는 독자의 앞길은 분명 달라질 것이다. 내가 확신을 가지고 보증한다. 섭취되지 않는 열 가지 음식보다 피와 살이 되는 음식 한 가지가 더 힘이 되는 것이다. 주의할 것은 또 다시 옛날 습관으로 돌아갈 우려가 있으므로 SR외국어학습법을 매번 확인하면서 진행하도록 하라.

a moment

습관은 무서운 것임을 필자는 많이 느껴 왔다. 직장에서 이전 10년 전에 같이 근무했던 여직원과 같은 부서에서 다시 만나서 근무하게 되는 경우가 있었다. 그 직원은 그동안 결혼도 하고 아기도 낳아서, 처녀시절의 모습은 어디 가고 이제는 완전히 아줌마 티가 난다. 그런데? 일하는 방법, 글씨체, 고객을 응대하는 태도, 말씨 등은 10년 전이나 다시 만난 지금이나 똑 같은 것이 아닌가? 출퇴근 시간도 10년 전과 같다! 습관을 변화시킨다는 것은 사실 인격의 혁명이라고 할 만큼 어려운 것이다. 오죽하면 "습관을 바꾸면 운명도 바뀐다"고 했던가? 필자가 우려하는 것은 독자가 한두 번은 SR외국어학습법으로 따라하다가 또 다시 익숙했던 옛 방법으로 돌아가는 것이다. 새 영어책을 읽을 때마다 이 SR외국어학습법을 다시 읽어서 확인한 후 도전하라. 이 학습법을 독자의 영원한 노하우로 계속 간직해야만 독자가 생존할 수 있는 비결임을 명심하라! 참고로 필자는 전철을 타면 신문을 읽지 않는다. 오랫동안 SR외국어학습을 전철 안에서 해 왔기에 아주 습관이 되어 버렸다. 신문을 뒤적이며 뭐 좀 재미있는 것 없냐고 살피며 다니는 사람과 SR외국어학습을 하면서 다니는 사람, 1년만 지나도 그 차이는 엄청난 것임을 명심하라!

요점 다시 살펴보기 》》》

많은 어휘를 알면 유용하며 삶의 여러 부문에서 윤기가 나게 된다. 사전만 찾으면 읽을 수 있는 재미있는 '스토리'가 있는 책을 고른다. 딱딱하여 멋대가리가 없는 것은 안 된다.

멋대가리가 있어야

"Word Power Made Easy"같은 영어책은 어원 설명, 얘기하듯 스토리가 있어서 좋다. 이런 기준으로 1권만(절대 한 번에 두 권 사지 말 것!) 산다. 한 권을 모자란 듯이 맛있게 읽고 또 읽어 완전 소화해야 한다. 정신적 식욕도 모자란 듯 해야 가벼운 마음으로 접근하고, 두뇌도 부담감이 없다. SR외국어학습법은 배우는 것을 철저히 소화하여 피와 살이 되게 한다. 편안한 마음으로 책을 읽는다. 모르는 단어가 나온다. 사전을 찾으시려고? 아니다. 연필로 그 단어 밑에 밑줄을 친다. 사전 찾으면서 진행하면 하루 10페이지 진도가 이 방법으로 30페이지 즉 3배 이상 속도가 된다. 이해되는 것은 이해하고 모르면 밑줄치고, 편안하게 종점까지 와야 한다! 이제는 두 번째 읽기 시작한다. 방법은? 첫 번째와 똑 같다. 두 번째 다 읽었다. 세 번째 읽기 시작한다. 방법은? 두 번째와 똑 같다.

성공자와 실패자

세 번을 읽었으니 마스터한 것 아닌가? 여기에서 성공자와 실패자가 나오는 순간이다. 재래식으로는 세 번 읽는 사람이 100명 중 10명, 그 열 명도 기진맥진이다. 우리 독자들은 여기까지 편안하게 산책하는 기분으로 가뿐하다. 네 번째 읽기 시작! 밑줄 쳐놓은 단어들 중에 이제 이해되는 것도 있네! 모르는 단어는 사전 찾아, 의미를 단어 근처에 몇 자로 간단히 적어라!

영한사전을 찾아볼 때

그 단어를 사용한 영문 예문에서 어떤 의미로 쓰이는가 확인한다. 명사형, 형용사형, 부사형이 어떤지 확인한다. 앞뒤에 그 단어와 관련된 단어들을 훑어본다. 세 번째와 다른 것은 사전을 찾아본다는 것. 마의 병목현상! 이 네 번째 읽기가 2단계 마의 8부 능선과 거의 같다. 마의 네 번째 단계를 돌파 하였다. 다섯 번째 읽기 시작한다. 독자의 뇌에 이미 새겨진 내용들이 되새김을 하면서 친숙해진다.

자만은 금물

여섯 번째부터는 '소리내어' 읽어야 한다. 다섯 번째까지는 눈으로만 읽었다. 이제는, 혀를 움직여 '반드시' 소리내라! 그렇게 몇 번 더 나아가면 드디어 열 번째 독파를 마치게 된다. 독자는 지금 유식한 인사가 되어 있다! 읽은 그 책의 내용은 죽을 때까지 독자의 지적 재산이 된다. 다만, 세 달에 한 번 정도만 '소리내어' 읽기만 하면 확실하다. 재래식 학습은 별로 씹지도 않고 위로 넘기고, 위에서 소화도 안 시키고 소장, 대장으로 넘겨 영양가를 별로 흡수하지 못했다. 결과는? 만성 영양실조가 된다. 섭취되지 않는 열 가지보다 피와 살이 되는 음식 한 가지가 더 힘이 된다. 습관을 변화시킨다는 것은 인격의 혁명이라고 할 만큼 어렵다. "습관을 바꾸면 운명도 바뀐다"고 했던가? 새 책을 읽을 때마다 이 SR외국어학습법을 다시 확인해야 생존할 수 있다!

SR..

루비콘강을 건너야 기회는 있다

Lesson 16

Lesson 16

줄리어스 시저가 전쟁에서 혁혁한 공을 세우자 황제 폼페이우스는 위기를 느꼈다. 시저에게 급히 전문을 보냈다. "즉시 전장에서 돌아와 전쟁 상황을 보고하라. 단 반드시 혼자 와야 한다." 폼페이우스는 시저를 죽일 계획이었다. 시저는 황제의 음모를 알고 있었다. 만약 로마로 향하는 루비콘강을 건너면 영영 살아서 돌아올 수 없다는 것을 시저는 알았다. "먼 곳으로 도망을 칠 것인가, 아니면 대군을 이끌고 전진할 것인가??? 그는 생사를 건 결단을 내리지 않으면 안 되었다. 시저는 대군을 이끌고 루비콘강을 건너 로마를 기습했다. 그리고 황제의 왕관을 빼앗았다. "루비콘강을 건넜다"는 서양격언이 여기에서 유래되었다. 인생을 살다보면 반드시 역경의 루비콘강을 만난다. 그때 그 위기를 정공법으로 돌파하는 사람에게 승리의 월계관이 주어진다. 위기는 '곧 위험한 기회' 인 것이다.

01 나름대로 믿는 구석이 있어야

지금 직장인들은 구조조정의 격변기에 생존을 위해 몸부림 치고 있다. 직장에서 실력을 인정받지 못하면 낙오되는 살벌한 현실이다. 결국, 외국어 하나라도 제대로 해서 남보다 유리한 고지에 서보려 하지만, 10년을 넘도록 학습해 왔어도 말 못하는 사람, 못 듣는 사람의 외국어를 어찌하랴? 그들이 남들보다 머리가 나빠서도, 노력을 안 해서도 아니다. 직장은 전보다 인원이 줄어들어 있어, 부장급 간부들조차 옛날에는 계장이나 대리급들이 하는 실무에 직접 매달릴 정도로 업무량이 많다. 그러니 퇴근하면 파김치가 다 되어 있다. 참으로, 이러지도 저러지도 못하니 술이나 먹고 잊어버려? 그러나, 술이 깨면 더 불안하다. 나도 금융권의 구조조정 분위기에서 명퇴를 선택한 사람이지만, 다행히 나름대로 믿는 구석이 있어 웃을 수 있었다.

불안하기는 직장인 뿐만이 아니다. 이민을 가기는 가야겠는데 가서 말이 언제나 통하려나… 현지 외국어를 유창하게 하는 것은 이민생활의 절대적 요건이다. 그러나 실상을 보라. 이민 가서 몇 년이 지나도 현지 외국인과 사업거래를 할 수도 없고, 더욱이 직장생활은 더더욱 어렵다. 결국 외국어 문제인 것이다.

학생들도 비슷한 상황이다. 우리의 교육제도가 입시위주이다 보니, 좀 느긋하게 편안한 마음으로 학습하는 것을 불안해한다. 그리고, 진짜 외국어실력을 기르는 것에는 아무 관심이 없고 당장의 암기, 당장의 점수 더 따기에 온 정력을 쏟는다. 돌아서면 까마득하게 잊어버리는 것들을 위하여 말이다.

02

왜 유태인은 우수한가

유태인은 교육을 매우 중시한다. 유태인 중에는 문맹이 없다고 한다. 아이는 5살이 되면 의무적으로 '시나고그'라고 불리는 회당에서 교육을 받는다. 영국의 작가 웰스는 "유태교는 책이 바탕이 되는 종교이며 모든 아이들은 지역사회에서 초등교육을 받았다. 이런 면에서 유태인은 인류의 선구자적 역할을 했다"라고 쓰고 있다. 유태인이 공부하는 일은 기도하는 행위로 여겨진다. 랍비 벤 요셉은 "하느님은 천 가지의 재물보다도 한 시간의 학습을 더 기뻐하신다"라고 말했다. 유랑 민족인 유태인에게 교육은 재산 그 자체였다. 재산은 빼앗길 수 있어도 지혜와 지식만은 보존할 수 있었기 때문이다. 유태인 교육의 목적은 암기력이 아니라 사고력을 기르는 데 있다는 점이다. 그들은 스스로 질문하는 교육을 통해서 스스로 생각하도록 지도한다. 평생에 걸쳐 자신을 향상시키는 것을 진정한 교육이라고 믿는 것이다. 유태인은 학문이나 공부를 즐거움의 근원으로 생각한다. 유태 어린아이가 철들 무렵이 되면 토라의 한 페이지를 펼치고 그 위에 꿀을 한 방울 떨어뜨린다. 어린아이가 그 꿀에 입을 맞추게 하고 학문이 마치 꿀과 같이 달콤하고 즐거움의 근원임을 가르친다고 한다. 미국 전체에서 유태인이 차지하는 비율에 3%에 미치지 않는 약6백만 명이다. 미국전체 대학원에서 유태인 대학원생의 비율은 약 30%에 이르고 있다고 한다. 이는 유태인들이 교육에 대단한 관심을 보인다는 증거이다. 그들은 아무리 가난해도 자녀 교육에 투자하는 돈은 결코 낭비하고 생각하지 않는다고 한다. 인텔의 회장 앤디 그로브는 헝가리에서 탈출하여 미국에서 매우 성공한 유태 기업인으로 알려졌다. 그로브는 헝가리에서 학교에 다닐 때에 교과과정에도 없는 영어를 별도로 공부하여 배웠다고 그의 자서전에서 쓰고 있다. 그의 어머니가 패물을 팔아서 영어 학습비용을 대주었다고 한다. 앤디 그로브가 영어학습을 한 것은 점수를 얻기 위해 한 것이 아니라는 사실을 유념해야 한다. 외국어를 배워두면 매우 유용하다는 사실을 그는 알았던 것이었다. 사실, 그가 미국에 도착하여 대학에 입학하고 결국 수석으로 대학을 졸업할 수 있었던 저력에는 이러한 외국어 실력이 있었기 때문이었다.

03

가장 단시간에 가장 큰 효과

나의 SR외국어학습법은 특히 시간이 빠듯하게 생활해야 하는 분들이, 쉽고도 편하면서도 결과적으로 단시간에 큰 효과를 얻는 놀라운 효능을 실제로 보여주고 있다. 나는 이 외국어학습법을 기반으로 하여 다른 부문의 일반적인 학습법도 개발하게 되었다. 그것이 'SR시스템학습법' 인데 일반 학습법이며 그 효능은 필자의 경력에서 일부 파악할 수 있을 것이다. 필자는 고졸 출신으로 은행에 들어갔으나 SR시스템학습법 덕분에 학사학위를 취득했다. 구체적인 내용은 필자의 저서 "끊임없는 동기유발과 경쟁력의 원천"(도서출판 교우사)에서 확인할 수 있다.

기업 임직원들을 위한 무료강의 》》》

SR경쟁력프로그램은 국제청년회의소(JCI) 세계대회에서 105개국 중 개인능력개발부문의 최우수 교육프로그램으로 선정되어 2006년 11월 15일에 수상, 발표되었다. 또한, 2006년 5월에 일본에서 열린 국제청년회의소 30여개 국 아시아태평양 국가대회에서 개인능력개발 최우수 교육프로그램으로 선정된 바 있다. 필자는 국제청년회의소(JCI)의 한국조직인 한국청년회의소에서 회원들에게 SR경쟁력프로그램 교육을 실시하여 왔는데, SR경쟁력프로그램의 우수성이 세계적으로 객관적인 평가를 받았다는 사실이다. 국제청년회의소(JCI) 세계대회에서 세계의 덕망있는 심사위원들에 의해 엄격한 심사를 거쳐 최종적으로 최우수 교육프로그램으로 선정된 것은 SR경쟁력프로그램의 가치와 효과가 세계적으로 인정받았다는 확고한 증거가 되는 것이다.

SR경쟁력프로그램의 테마

SR경쟁력프로그램은 "1. 강력한 정신개혁 2. 업무능력 혁신 3. SR시스템학습법 4. SR외국어학습법 5. 융화능력 향상" 등의 5가지 테마로 구성되어 있다.

SR경쟁력프로그램의 교육효과

월 1회 1시간씩 1년간 12회의 강력한 강의를 기본으로 한다. 강의는 필자의 경험을 토대로 세계적인 학자들의 입증된 실제적인 실천 방안이 제시되며 실제적인 효과를 유도하는 것이다. 가장 핵심적 요소는 학습의 노하우이다.

강의는 누구나 이해할 수 있게 쉽게 하므로 모든 임직원이 청강대상이다.

SR경쟁력프로그램을 수료하면 다음의 결과를 기대할 수 있다.

* 월 2권 내지 4권 이상의 학습능력구비. 스스로 학습하는 임직원이 됨
* 정신 활력, 정신 긴장감, 자신감을 가진 임직원이 됨
* 스스로 동기유발하는 임직원, 자율 규제하는 임직원이 됨
* 철저히 봉사하는 정신자세, 상사 및 부하와 융화하는 능력이 형성됨
* 뛰어난 업무능력과 외국어능력이 배양됨

교육 내용 (회사에 따라 융통성 있게 변경될 수 있음)

1. 잠재력과 가능성/잠재능력/파레토 법칙/핵심능력 높이기
2. 정신력, 자신감/적극적 정신만들기/자세조정 방법/마음강화 방법
3. 경쟁력지원 환경만들기/성공기회 높이기/후나이 성공조건/
4. 습관과 경쟁력/좋은 습관 형성하기/관성과 변화비결/
5. 업무능력 혁신 노하우/즉시접근법/우선 순위/개인생산성의 핵심/파킨슨 법칙/현장위주관리/효과적 커뮤니케이션/SR마케팅 심리학/SR마케팅 노하우
6. SR시스템학습법/두뇌 능력/SR시스템학습법 주요 기법, 보조 기법
7. SR외국어학습법/SR학습법의 실천/잠재력 활용하기/정신집

중방법

8. 학습조직과 기업발전/학습조직/기업경쟁력과 학습/조직학습과 개인학습
9. 지식경영/강점 활용하기/시간관리/조직내커뮤니케이션/리더쉽의 발휘
10. 아이디어 창조하기/브레인스토밍/ 학습과 아이디어
11. 직장내 융화비결/상사와 융화하기/부하 잘 다루기/유능한 상사되기
12. 우수회사 사례/다수 기업체 성공사례, 실패사례

SR경쟁력프로그램의 실행 프로세스

SR경쟁력프로그램 실행프로세스는 4가지 프로세스로 이루어져 있다.

1) 12차에 걸친 교육실시
2) 9가지의 실천사항 점검
3) 실천사항을 이행하도록 돕는 상담
4) SR학습모임 실시

실천사항 점검: 임직원 스스로 점검하며 SR학습모임에서 1인씩 실천사례 발표를 통해 실천사항이 지속되는 분위기를 확고히 해 나아간다.

상담 실시: 직원이 스스로를 평가하여 실천사항 실천률이 60%이하인 경우, 상담을 통해 실행이 향상되도록 돕는 마련이며 교육과정 이후에도 지속됨

SR학습모임: SR경쟁력프로그램의 지속적 성공의 가장 중요한 실행도구로 월1회 30분 이내로 지속적으로 별도 실시함

SR경쟁력프로그램의 우수성

이 교육은 실천력이 탁월하다. 9가지의 실천사항은 필자가 실천해온 것이므로 설득력이 있으며 어떤 교육보다 실천을 추구한다. 학습 능력을 향상시키므로 자발적 하는 학습으로 정신 활력, 정신 긴장감, 자신감을 준다. SR경쟁력프로그램은 정신력과 실력의 변화가 이루어지는 것이다.

제휴를 위한 제안

SR경쟁력프로그램은 우리나라가 세계최고의 경쟁력을 갖도록 하는 매우 소중한 프로그램임을 필자는 확신하고 있다. 또한, SR시스템학습법과 SR외국어학습법은 이를 달성하는 핵심적 노하우이다. 전국의 국민들이, 수많은 학생들과 젊은이들이 미래의 인재로 탈바꿈할 수 있는 소중한 노하우인 것이다. 많은 장학재단을 비롯한 사회사업에 기여하는 재단들, 교육을 담당하는 연수원 등이 필

자의 SR경쟁력프로그램, SR시스템학습법, SR외국어학습법을 보급하는 데에 제휴한다면 이들이 벌이고 있는 사회사업의 가치는 훨씬 더 높아질 것으로 생각한다. 재단들과 연수원들이 기존의 의미 있는 사회사업에 부가하여, SR경쟁력프로그램, SR시스템학습법과 SR외국어학습법을 보급할 것을 제안하는 바이다.

제휴 제안의 가치

재단들이 수여하는 장학금 등 금전적인 기여는 비유로 말하면, '물고기를 기부하는 것' 이며 SR경쟁력프로그램, SR시스템학습법과 SR외국어학습법을 보급하는 것은 '물고기를 잡는 노하우를 기부하는 것' 으로서 항구적인 가치를 기부하는 것이다. 이는 재단들의 고귀한 목적을 더욱 고양시키는 가치 있는 활동이 될 것이다. 연수원들은 더 뛰어난 교육프로그램을 보급하게 되는 것이다.

세계적인 경쟁력의 원천

한국은 자원이 거의 없는 나라로서 오직 인적 자원만이 국가경쟁력의 가장 중요한 요소임을 인정할 것이다. 필자의 SR경쟁력프로그램, SR시스템학습법, SR외국어학습법은 단순한 지식 차원을 넘어 정신적 활력, 정신적 긴장감, 자신감을 갖춘 인재로 만드는 효과적인 노하우이다. 세계경제에 막강한 영향력을 발휘하는 유태인들의 뛰어난 지적 능력과 실력을 뛰어넘을 수 있는 특별한 노하우라고 자부한다. 세계에는 0.2%밖에 안 되는 약 1300만 명이 유태인이 있다. 통계에 의하면 노벨상 수상자들의 약 30%가 유태인이다. 세계적인 석유메이저들, 세계적인 곡물메이저들, 세계의 유수 통신사들, 미국의 주요 금융기관들의 자본이 유태계이다. 미국에는 3%가 안 되는 약600만 명의 유태인이 있는데 미국 대학원생의 약 30%가 유태인이라고 한다. 유태인들이 세계적인 분야에서 막강한 경쟁력을 확보한 이유는 그들이 교육과 학습에 지속적으로 투자하고 학습의 가치를 너무 잘 알고 있기 때문이라는 것이다. 한국인이 유태인의 경쟁력을 뛰어넘어 세계적인 경쟁력을 확보하는 가장 중요한 비결은 뛰어난 학습인으로 재탄생하는 것이다. 이를 실현하는 방안이 SR경쟁력프로그램, SR시스템학습법, SR외국어학습법임을 확신하고 있다.

전화 011-763-2830, 031-398-2830

SR

마지막 희망

Lesson 17

01. 학습의 아스팔트길
02. 좌절과 시행착오를 통해 발견한 외국어학습법
03. 자기실현의 욕구
04. 삶의 의미와 책임감
05. 무질서에서 질서로
06. 습관의 위대한 힘

Lesson 17

영어 'autotelic'은 그리스어 'auto(자기)'와 'telos(목적)'가 결합한 말이다. 이 말은 '자기목적성을 가진 사람'이라는 뜻이다. 열정을 가지고 적극적으로 삶에 뛰어드는 성격을 자기목적성으로 충만해 있다고 말한다. 이러한 사람은 일 자체를 좋아하고 의미가 있다고 굳게 믿는 사람이며, 더 자율적이고 독립적이다. 자기목적성을 가진 사람은 자신의 일에 몰입하는 사람이다. 미국의 심리학자 칙센트미하이는 몰입하는 사람의 특성에 관해 많은 연구를 하였다. 그의 연구에 의하면, 몰입하여 일하는 사람들이 일반 사람들보다 '행복 지수'가 분명히 높다는 사실이라는 것이다. 자기목적성을 중시하는 사람은 삶 자체를 향유할 수 있는 정신적 여유를 가지고 있다. 우리 생활에서 시간이 부족해 보이는 것은 사실은 자기 절제가 부족한 것이 원인이 경우가 많다. 우리 대부분은 타성에 젖어 있다.

오 헨리의 단편소설 "마지막 잎새"에 나오는 처녀는 창밖의 맞은편 벽에 있는 담쟁이넝쿨 잎이 떨어져 나가는 것을 보며, 마지막 잎이 떨어지면 자기도 죽는다고 생각한다. 그런데 비바람이 몹시 몰아친 밤이 지난 뒤, 떨어져 나갔을 줄 알았던 잎이 그대로 있자 살아갈 용기를 되찾게 된다. 사실은 늙은 화가가 비바람을 맞으며 밤새 그려 놓은 "마지막 잎새"였다. 이 처녀는 자기의 희망을 환경의 상황에 맡겼고 수동적이었다. 문제는 머릿속으로 상상해낸 가공의 상황에 우리의 운명을 좌우하게 맡긴다는 점이다. 대부분의 사람들은 눈앞의 욕구를 만족시키기 위해 물불을 가리지 않는다. 인간 불행의 씨앗은 이러한 근시안적인 마음에서 비롯된다는 사실이다. 학습은 현실에서도 유용하지만 미래를 보장하는 희망의 씨앗이 되는 것이다.

학습의 아스팔트길 01

이 땅의 무수한 사람들이 영어 하나 해보려고 매달려 바위를 올려보고 또 올려보고, 그러나 결국 시지푸스와 같은 좌절을 얼마나 겪어 왔던가! 우리가 영어를 이처럼 학습하기 어렵게 재래식 방법으로 굳어져 온 데에는 교육제도가 주요 원인인 것 같다. 영어학습이 외국 문화를 이해하고 언어를 학습하는 데에 있었던 것이 아니라 당장의 점수따기로 변질되었던 것이다. 그러나 진정한 영어실력은 그렇게 해서는 결코 얻을 수 없다는 것을 독자는 이미 경험하였다. 세계화된 치열한 경쟁사회에서 영어 하나라도 제대로 하는 것이 독자의 소원일 것이다. 남들보다 좀더 경쟁력 있는 인재로 우뚝 서고자 하는 독자들의 소원을 해결할 마지막 희망으로서, SR외국어학습법이 제시된 것이다.

02 좌절과 시행착오를 통해 발견한 외국어학습법

나는 몇 년간의 좌절과 시행착오를 거치면서 발견한 이 외국어 학습법을 통해서 영어, 일본어, 불어를 객관적으로 상당한 수준으로 높였다. 그리고 그 실력을 평생토록 유지할 수 있는 지적 재산으로 보유할 수 있게 되었다. SR외국어학습법은 '똑똑한' 분을 위한 외국어학습법이 아니다. '평범한' 사람들 누구라도 이 학습법대로만 실천하면 편하게, 부드럽게, 빠른 기간에 '영어의 천재' 가 될 수 있음을 확신한다. '천재' 란 기존의 방법으로는 도저히 성취할 수 없는 것을 성취하는 사람을 의미한다. SR외국어학습법에 참여하는 사람은 90%의 확률로 '천재' 로 재탄생할 것임을 감히 예견한다. 이 SR외국어학습법이 많이 전파되면 될수록 국가적으로 얼마나 엄청난 낭비를 줄일 수 있을 것인가! 결국 실패할 기존의 학습방법에 쏟아붇는 시간, 에너지, 금전을 절약해주니 말이다.

혹자는 말한다. "기왕이면 영어회화 교재와 테이프까지 발간하면 좋지 않겠냐?" 고. 그것은 하나는 알고 둘은 모르는 말씀이다. 지금 우리 대다수가 영어에 실패한 것은 교재 자체가 나빠서가 아니라 학습방법이 근본적으로 잘못되어 있기 때문인 것이다. 사실 국내에도 영어회화를 위한 좋은 교재와 테이프 세트들이 있다. 이 책에서 그 교재의 요건과 테이프의 요건을 제시하였고 일부 교재를 참고로 밝혀주었다. 나는 비유로 말하면 이미 완성된 자동차(영어 교재와 테이프 세트)를 목적지까지 편하게, 자연스럽게, 효율적으로 갈 수 있는 '아스팔트길'을 독자들에게 알려주고 있는 것이다. 이미 훌륭한 자동차(교재와 테이프)가 있지만 목적지까지 가는 길이, 자갈, 험한 돌들, 장애물들로 뒤덮혀서 목적지 도착률이 출발한 사람들의 1%도 안 되는 안타까운 현실이다. 그러므로 편안히 갈 수 있고 누구나 성공적으로 목적지까지 갈 수 있는 '아스팔트길'을 발견한 나는 그 '아스팔트길'을 제대로 가도록 독자들에게 지도하면 되는 것이다. 내가 뭐 더 욕심을 부려 자동차(교재와 테이프)까지 제작해야 하는가? 독자들의 책장 구석에는 이미 먼지가 많이 낀 좋은 교재와 테이프가 있을 것이니 먼지만 닦아서 잘 활용하면 될 것이다. 기존의 잘못된 길에서 벗어나 좋은 새로운 길로 들어서려면 순수한 시각이 필요하다. 이미 실패한 기존의 것을 고집하는 것은 절망뿐이다. 진리는 순수하고 편하다. 그리고 그것이 가장 지혜롭고 빠른 길이다. 외국어를 '정복'하려는 모든 이에게 진심으로 나의 충정을 전하고 싶다.

03

자기실현의 욕구

심리학자 매슬로우는 인간의 욕구 중에서 "자기실현의 욕구"가 가장 높은 차원의 욕구이며 인간이 최종적으로 귀착하는 욕구라는 점을 발견하였다. 매슬로우는 "그 경지에 이른 사람은 자유롭고 행복한 마음으로 자신의 운명을 흔쾌히 받아들인다. 그는 자신의 운명을 자기 의지대로 선택한다"고 했다. 심리학자 칼 로저스는 "심신이 건강한 사람은 가장 경제성이 높은 방향으로 행동방침을 정하고 그쪽을 따르려고 한다. 그렇게 하는 것이 가장 깊은 만족감을 주기 때문이다"라고 말했다. 이는 자기 행동의 주인 의식을 가지려는 자세를 말한다. 우리가 하지 않으면 안 되는 일을 사랑할 줄 알 때 삶의 질이 높아진다. 몰입은 정신력의 원천이다. 정신적 몰입은 정신에 질서를 부여하며 결국 행복감에 이르는 요소인 것이다. 인간 사회에서 무질서는 대체로 가장 손쉬운 길을 택하며 저급한 수준의 원리를 좇아 움직인다. 학습을 하는 자세, 학습을 하는 정신상태는 인간에게 정신적 질서를 갖게 하면서 궁극적 선을 추구하는 행위인 것이다. 이는 물리학의 엔트로피(무질서)에 대비되는 고도의 질서 행위라고 볼 수 있다. 학습하는 사람은 평화롭다. 그리고 학습하는 사람은 오늘보다 내일, 내일보다 일주일 후가 더 향상될 것임을 약속받는 사람이다. 학습은 마지막 희망을 스스로 창조하는 가장 고귀한 활동의 하나인 것이다.

인간이 의미를 추구한다는 것은 삶에 있어 근본적인 힘이 된다. 의미와 가치에 대한 추구는 내면적인 긴장을 불러일으킬 수 있는데 이러한 긴장은 정신건강의 필수불가결한 것이다. 제2차 세계대전 중에 강제수용소에 갇혔다가 생존할 수 있었던 강한 생존의지를 가진 사람들의 특징을 빅토르 프랭클은 언급하였다. 오스트리아의 정신과 의사인 프랭클 자신이 유태인으로서 강제수용소에 수용되었고 극도의 혹독한 환경을 경험했던 사람이었다. 그의 말은 그래서 설득력이 있다. 프랭클은 "실천해야 할 과업이 기다리고 있다는 사실을 알고 있던 사람들이 가장 수월하게 강제수용소에서 살아남을 수 있었다. 어떤 원고를 다시 써야겠다는 깊은 관심이 혹독한 환경에서 살아남을 수 있게 도와주었던 것이다. 정신건강은 어느 정도의 긴장에 근거하고 있다. 무긴장의 상태는 매우 위험한 것이다. 인간에게 실제로 필요한 것은 무긴장의 상태가 아니라 어떤 가치 있는 목표를 위한 노력과 투쟁이다"라고 그의 저서에서 썼다.

04

삶의 의미와 책임감

정신과 의사인 빅토르 프랭클이 창시한 것이 로고세라피(logotherapy)이다. 이 정신 요법은 책임을 의사에게 돌리려는 환자를 결코 용납하지 않는다. 인간은 책임질 줄 아는 동물이며, 그의 삶에 잠재하고 있는 의미를 반드시 실현해야 한다고 주장하는 것이다. 삶에서 의미를 찾도록 하자는 것이 로고세라피의 기본 원리의 하나이다. 이 원리를 적용하면, "쾌락 자체에 목적을 두게 될 정도가 되면 쾌락은 망쳐지게 되고 결딴나게 될 것"이라는 것이다. 어떤 환자는 땀을 많이 흘리는데 대한 공포로 프랭클과 상담하러 왔는데, "지난 번 나는 한 리터밖에 땀을 흘리지 못했는데 이제는 적어도 열 리터는 흘려야지"라는 생각을 한 결과 그 공포증에서 벗어날 수 있었다고 한다. 말더듬 증세가 있는 사람이 일부러 심하게 말더듬을 하려고 하는 순간, 그는 말을 더듬거릴 수가 없었다고 한다. 이는 역설적인 의도를 실천하게 된 것이다. SR외국어학습법에서 왜 이해하든지 말든지, 외워지든지 말든지 그저 앞으로만 나아가라고 하는지 알겠는가? 독자가 이해하려고, 외우려고 하는 의식적 노력은 오히려 역효과를 일으켜 왔다. 반대로, 이해하든지 말든지, 외워지든지 말든지 편하게 나아가는 이 학습법은 로고세라피 원리와 같이 역설적인 학습효과를 발휘하게 되는 것이다. 더욱이, 학습을 통하여 점수를 더 따려는 강박관념에서 해방되어 학습 그 자체를 즐기는 동안, 저절로 실력이 높아지며 저절로 점수가 높아지는 순리로 귀착되는 것이다. 놀라운 원리가 아닌가?

05 무질서에서 질서로

세상은 점점 혼란스럽고 무질서해지고 있다. 아인슈타인은 엔트로피를 모든 과학에 있어서 제1법칙이라고 주장했다. 엔트로피 법칙은 열역학 제2법칙이다. 이는 "모든 물질은 질서있는 상태에서 무질서한 상태로만 변한다"는 것이다. 토마스 홉스는 인간의 자연상태를 "외롭고 가난하고 괴롭고 야만적이고 짧은 삶"이라고 인식했다. 소크라테스는 "아는 것이 없다고 여기는 자가 가장 현명한 자이다. 계속해서 질문하고 배워나가야 한다"라고 말했다. 벤자민 프랭클린은 가난과 열악한 성장기를 보내면서 인쇄공으로 출발하여 위대한 미국인의 한 사람으로 추앙받는 사람이다. 프랭클린의 성공요인은 단순하다. 대부분의 인쇄공들은 일과를 끝내면 피곤한 하루를 잊기 위해 맥주집에 들리고 하루를 묻기에 여념이 없었다. 그러나 프랭클린은 일과가 끝나면 매일 밤 독서를 하였고 일요일에는 인쇄소에 혼자 남아서 공부에 열중했다. 계산이라면 질색이었던 그는 코커의 산수책을 가지고 공부하였고 아주 쉽게 혼자서 계산할 수 있었다. 프랭클린은 항해 서적도 읽으면서 기하학도 다소 알게 되었다. 또한, 로크의 '인간오성론' 과 폴 로얄 파의 '사고의 방법'

도 읽었다. 영문법 책도 읽었고 '소크라테스의 추상록'이란 책도 읽었다. 1733년에 프랭클린은 외국어 공부를 시작했다. 얼마 안 가서 프랑스어에 익숙하게 되어 프랑스어로 된 책도 충분히 읽을 수 있게 되었다. 다음은 이탈리아어를 배우기 시작했다. 그 뒤로 스페인어도 힘들이지 않고 책을 읽을 정도가 되었다. 그가 유럽국가에 대사로 임명되었던 것은 이러한 외국어 실력도 영향이 있었을 것이다. 벤자민 프랭클린이 "외롭고 가난하고 괴롭고 야만적이고 짧은 삶"을 벗어나 "유복하고 풍요하며 즐겁고 고상한 장수하는 삶"을 살게 된 것은 매일 학습하였던 그의 자세에서 비롯된 것이었다. 프랭클린은 42세에 현업에서 물러나, 84세에 죽을 때까지 평생 충분한 재산으로 여유있는 인생을 즐기며, 연구하고 책을 읽으며 만족스런 삶을 지냈다. 그의 정신은 노년에도 맑았으며 정신은 질서가 있었던 것이다. 학습하는 사람에게는 세상이 무질서가 아니라 질서를 보여준다는 사실이다.

사색과 반성은 실천력의 원천

공자는 "배우고도 생각하지 않으면 곧 없음이요, 생각하고도 배우지 않으면 곧 위태로움이니라"고 말했다. 학습은 결국 자신을 위한 일이다. 학습하는 사람은 사색과 반성의 세계에 살 수 있다. 소동파의 친구였던 황산곡은 "선비가 사흘 동안 책을 읽지 않으면 무미해지고 거울에 비친 자기의 얼굴을 보기가 역겨워진다"고 말했다. 학습은 인간에게 매력과 품격을 주는 것이다. 송나라의 위대한 학자 구양수는 삼상 즉 침상(枕上), 마상(馬上), 측상(廁上)을 글쓰기에 가장 좋은 장소라고 말했다. 즉 어떤 장소에서도 글을 쓸 수 있다는 것이다. 환경을 핑계 대고, 이런저런 이유로 학습을 매일 실천하지 못하는 사람은 좀 반성해야 한다. 잠자리에서도, 말위에서도, 화장실에서도 글쓰기를 마다하지 않은 구양수는 그 학문의 깊이 여부에 관계없이 그 정신 자체만으로도 존경을 받아 마땅하지 않겠는가? 하버드 대학에서 언어학을 전공했던 대단의 임어당은 1976년에 홍콩에서 작고했는데, "교양 있는 사람이란 판단력이 올바른 사람이며 이를 견식이라고 한다"라고 말했다. 진정한 교양은 끊임없는 학습에서 비롯되는 것이며 필자가 외국어학습을 비롯한 학습이 절대적 가치가 있음을 강조하는 이유가 여기에 있다.

습관의 위대한 힘

06

한 때, 세계최고의 부자였던 폴 게티는 "습관이 가진 위대한 힘의 진가를 알아야 한다. 습관을 창조하는 것이 훈련이라는 사실이다. 성공을 쟁취하는 데 도움이 되는 습관을 길러야 한다. 그러기 위해서 필요한 훈련을 받아들여야 한다"라고 말했다. SR외국어학습법이 독자의 것이 되려면 이에 익숙해지는 기간이 필요하며 기존의 중독된 습관을 버리고 새로운 습관을 길러야 한다. 그러기 위해서 스스로 훈련해야 한다. 오늘날 성공적 리더의 가장 중요한 자질은 표현 능력이다. 풍부한 어휘를 가진 사람들이 가장 유능하다는 사실이 확인되었다. 러시아 과학자인 이반 예프레모프는 "우리는 특별한 어려움 없이 40개 언어를 배울 수 있다"고 말했다. 필자는 이반 예프레모프의 말에 전적으로 동감한다. 그동안 잘못된 외국어 학습법으로 자신의 '천재'를 몰랐던 독자들이, 이제 40개 외국어는 아니더라도 4개 외국어를 유창하게 말할 수 있다면 주위에서 '천재'라고 불릴 것이다. 이를 SR외국어학습법으로 충분히 달성할 수 있다. 나 자신이 그저 평범한 직장인으로 영어 하나 제대로 해보려고 바둥거리면서 헤맸던 오랜 세월이 있었다. 이 학습법을 발견하고 정립한 이후에, 필자는 “어떤 외국어라도 6개월의 시간만 주어지면 통역자가 필요 없이 외국 현지 거리를 활보할 수 있다”는 자신감이 충만하다. 이미 경험했던 일이니까 증거가 있고 설득력이 있는 것이다. 독자가 이제 전세계를 향하여 마음을 열고 활보할 수 있게 되기를 기원한다.